CONVERSACIÓN

RAMÓN DÍEZ GALÁN

ÍNDICE

SITUACIONES
EN EL TRABAJO

Para trabajar en parejas. Cada uno recibe un rol y se debe entablar una conversación.

El profesor puede intervenir para ayudar, dar ideas o generar más temas de discusión.

Se pueden realizar a partir del nivel A2 en adelante.

ERROR EN EL PEDIDO

Vendedor:

Trabajas en el departamento de atención al cliente de una tienda online de ropa. Tu jornada laboral está a punto de terminar y es tu último día de trabajo antes de tus vacaciones. No tienes muchas ganas de trabajar, pero debes atender la siguiente reclamación:

Buenos días:

Mi nombre es Francisco Campos Peñalver. La semana pasada compré unos gorros para bebé, pero me he dado cuenta de que en la dirección de envío puse la casa de mi exmujer. Por favor, es muy importante cambiar esta dirección, ella no puede saber que tengo un bebé. Contesten lo más pronto posible, mi número de teléfono es el 657921128.

Un saludo,

Francisco

· Necesitas los datos personales del cliente, así como el número de pedido.

· El paquete ya ha salido del almacén.

· La reclamación está fuera de plazo.

· Recuerda que hablas en nombre de la empresa, ayuda al cliente manteniendo en todo momento un tono educado y profesional.

ERROR EN EL PEDIDO

Comprador:

Has hecho una tontería. Has comprado unos productos para tu primer hijo en una tienda de ropa online para bebés, sin embargo, te has equivocado al poner la dirección de envío y has puesto la de tu exmujer. Ella no sabe que vas a tener un hijo y quieres evitar tener que dar explicaciones. El tiempo es oro y estás nervioso, hiciste la compra hace ya una semana. Trata de meterle prisa a la tienda en línea para que contacten con el mensajero y el pedido te llegue a tu nueva dirección.

· Estás nervioso. Necesitas respuestas rápidas y concretas.

· Piensas que la persona que te atiende no se implica demasiado en tu caso.

· Si no obtienes lo que quieres, puedes tratar de amenazar a la empresa con denuncias.

· Asegura en todo momento que conoces tus derechos como consumidor.

· Si nada de lo anterior funciona, trata de cancelar el pedido y recuperar tu dinero.

EL AUMENTO DE SUELDO

Jefe:

Tienes a tu cargo a 150 empleados. La empresa no está pasando por su mejor momento. Una de tus empleadas quiere hablar contigo. Por su tono de voz intuyes lo que te va a pedir, más dinero.

· Aunque podrías hacerlo, no quieres subirle el sueldo porque piensas que otros empleados también te pedirían lo mismo.

· Has oído que tu empleada planea comprarse una lujosa casa. Crees que debería conformarse con su piso actual.

· La empleada es una buena trabajadora. No quieres que la conversación acabe en una discusión y que piense en dejar la empresa.

· Haz promesas para el futuro. Lo que quieres ver son resultados en tu empresa.

· Mantén en todo momento un tono cordial, pero, si hay algo que no puedes aceptar, muestra tu autoridad.

EL AUMENTO DE SUELDO

Empleada:

Trabajas varios años en la misma empresa. Crees que ha llegado el momento de dar un paso en tu vida y comprar una nueva casa. Vas a ver a tu jefe para pedirle algún tipo de mejora económica en tu trabajo.

· Lo que más te interesa es que te suban el sueldo, no estás muy dispuesta a aceptar otro tipo de mejoras.

· Comenta todos los beneficios que ha obtenido la empresa con tu trabajo.

· Habla de algún problema que solucionaste en la empresa.

· Piensas que tu jefe es un avaricioso. Te gustaría decírselo, pero de una forma sutil.

· Has hecho muchísimos sacrificios por la empresa y crees que tu jefe no los valora lo suficiente.

· Aunque no quieres dejar la empresa, te planteas comentar en la conversación que hay otras empresas interesadas en ti.

EL ALUMNO PROBLEMÁTICO

Directora:

Los últimos 2 años has tenido en tu escuela privada a un alumno que ha causado muchos problemas. Otros padres han dicho que si este chico no se va, cambiarán a sus hijos a otras escuelas. Has decidido hablar con los padres del alumno para que el niño no continúe.

· La situación es difícil, intenta explicar las cosas que ha hecho el niño en la escuela para que los padres entiendan los problemas que causa su hijo.

· Deja claro que esta es la última medida, pues antes ya has intentado solucionar el problema de diferentes formas.

· Puedes dar a los padres algún consejo sobre la futura educación de su hijo.

· Puedes ofrecer algo de ayuda al niño, pero no quieres que continúe las clases normales.

EL ALUMNO PROBLEMÁTICO

Padres:

Tu hijo es hiperactivo. Sabes que controlarlo es difícil, pero todo es posible con esfuerzo. La directora quiere expulsar a tu hijo de la escuela. No te parece bien, la escuela está muy cerca de tu casa y el horario de las clases es perfecto para ti.

· La decisión te parece un error, tu hijo ya ha estado en 3 escuelas y los cambios siempre han sido malos.

· Piensas que los profesores no han hecho bien su trabajo.

· Intenta convencer a la directora.

· Puedes proponer clases especiales o desde casa.

· Si tu hijo sale de la escuela, te gustaría recibir alguna referencia buena en papel, para poder buscar otras escuelas privadas.

LA DIVERSIFICACIÓN

Socio 1:

Eres el propietario del 50% de las acciones de un grupo empresarial de alimentación. Tras la última reunión, habéis decidido que se debe diversificar la oferta para tener más cosas que ofrecer a los clientes. Crees que los productos ecológicos podrían haceros ganar mucho dinero y que la mejor opción es entrar en este mercado. No estás de acuerdo con la idea de tu socio de invertir en productos alcohólicos.

· Hay muchísima competencia en vendedores de productos alcohólicos, pero mucha menos en cuanto a productos ecológicos.

· Los estudios indican el incremento del interés por los productos ecológicos.

· Crees que todo lo ecológico podría beneficiar a la imagen de la empresa, todo lo contrario que los productos alcohólicos.

· No quieres decírselo directamente, pero piensas que tu socio tiene un problema con la bebida y que podría arruinar el negocio.

· Algún miembro de tu familia tiene granjas y crees que podríais colaborar.

LA DIVERSIFICACIÓN

Socio 2:

Eres el propietario del 50% de las acciones de un grupo empresarial de alimentación. Tras la última reunión, habéis decidido que se debe diversificar la oferta para tener más cosas que ofrecer a los clientes. Crees que deberíais invertir en productos alcohólicos, es una apuesta segura para que la empresa crezca sin riesgos. No estás de acuerdo con la idea de tu socio de invertir en productos ecológicos.

· Los productos ecológicos son bastante caros y su fecha de caducidad puede resultar un problema.

· El alcohol ya tiene un consumo generalizado en la población, será más fácil de vender.

· No quieres correr riesgos y crees que el mercado de los productos ecológicos es muy arriesgado.

· Podríais adaptar la producción actual y utilizar algunas máquinas para el embotellamiento del alcohol.

· Te consideras un experto en el mercado del alcohol.

LA EMPRESA DE SEGUROS

Dueño del apartamento:

Contrataste un seguro del hogar hace 8 meses para un piso que alquilas a unos estudiantes. Como no querías pagar más, le dijiste a la empresa aseguradora que el piso no estaba alquilado y que tú vivías en él. Ahora hay humedad en una de las habitaciones. Llamas a la empresa de seguros para exigir una compensación.

· Te gustaría que te pagasen rápidamente, sin muchas preguntas.

· No quieres que vayan a tu apartamento, prefieres enseñar fotos.

· Sabes que has incumplido el contrato, por eso piensas en mentir.

· Puedes amenazar a la empresa con que hablarás mal de ellos.

· Comenta que pueden perder a un cliente con mucho potencial.

· Si te ofrecen una cantidad de dinero, sabes que puedes negociar y pedir más.

LA EMPRESA DE SEGUROS

Trabajador de la empresa:

Tu objetivo está claro, debes tratar de demostrar en todos los casos que la culpa es del cliente, entonces la empresa no debe pagar. Tu trabajo no es fácil, todo el mundo te odia, pero es lo que debes hacer. Un cliente reclama una compensación y tú crees que puedes conseguir no dársela.

· Haz muchas preguntas: necesitas saber qué, cómo, cuándo, dónde y por qué ha pasado.

· Tienes la sensación de que el cliente miente, presiónalo.

· Eres un profesional y conoces mejor el mundo de los seguros, aprovecha tu ventaja.

· Puedes proponer una visita al apartamento.

· Si no consigues demostrar que es culpa del cliente, deberás ofrecerle algo de dinero, negocia la cantidad.

EL TRASLADO DE LA PRODUCCIÓN

Directora:

Tu empresa de producción de ropa está en un momento crucial, cada vez es más difícil competir con las marcas que se han llevado su producción a países asiáticos para reducir costes. Has recibido una oferta de China para trasladar la fábrica allí, cada vez estás más convencida de que es la única opción para que la empresa siga siendo competitiva.

· Produciendo en China y transportando los productos terminados a tu país ahorraríais un 50 % en la producción.

· Es una decisión difícil, pero debe tomarse rápidamente, antes de que sea demasiado tarde.

· Los últimos años la empresa no ha obtenido tantos beneficios como se esperaba.

· Piensa en el proceso del traslado, debe ser progresivo.

EL TRASLADO DE LA PRODUCCIÓN

Jefe de producción:

La directora de tu empresa te cita para discutir la posibilidad de trasladar la producción a China, te parece una locura. Habría que despedir a todos los trabajadores, quizás incluso a ti mismo. Aporta argumentos para que la empresa continúe en tu país.

· Llevarse la producción a China es un gran error, los productos perderán calidad y los clientes se quejarán.

· Los trabajadores despedidos estarán enfadados y posiblemente busquen un conflicto legal con la empresa.

· Competir únicamente en precio es un error, podríais tratar de competir en exclusividad y calidad.

· La empresa es un símbolo del pueblo, muchos habitantes trabajan en ella. Si la empresa se va, el pueblo se arruinará y habrá mucha polémica.

LAS RESPONSABILIDADES

Empleado:

Trabajas en una empresa de informática y tenéis unos plazos muy estrictos para realizar vuestras tareas. Desde hace unas semanas otro de los trabajadores te está pasando varias de sus responsabilidades. Son cosas que no deberías hacer tú y, por su culpa, te estás quedando haciendo horas extra que no crees que te paguen. Mientras tanto, tu compañero termina su trabajo tranquilamente y se va a su casa antes que tú. Quieres hablar con tu supervisora sobre el tema, el problema es que tu compañero que no trabaja es el hijo de la supervisora.

· Estás enfadado por esta situación, crees que es una injusticia.

· Sabes que la supervisora va a defender a su hijo. Déjale claro que las relaciones familiares y profesionales deben estar separadas.

· Habla sobre tu experiencia y critica al nuevo empleado.

· Propón alguna solución que te dejaría satisfecho, como un aumento de sueldo o un puesto de mayor responsabilidad.

LAS RESPONSABILIDADES

Supervisora:

Eres la responsable del departamento desde hace 2 años, controlas a un grupo de 15 personas del que desde hace poco tiempo también forma parte tu hijo. Uno de tus trabajadores quiere hablar contigo para quejarse de tu hijo, dice que no trabaja lo suficiente y que se aprovecha de él pasándole trabajo que no debería hacer. Conoces perfectamente a tu hijo y sabes que es un buen chico. Por el contrario, este otro trabajador tiene fama de ser un quejica y de conseguir todo lo que quiere llorando como un bebé hasta que lo consigue. Defiende a tu hijo en esta situación.

· Tienes las cosas muy claras, este empleado trata de aprovechar la situación para exigir más dinero. No te parece bien.

· Tu hijo está en un proceso de aprendizaje y todavía no tiene las mismas condiciones laborales que el resto de los empleados.

· Este trabajador ha llegado varias veces tarde a la oficina.

· Trata de buscar una solución que no implique un gasto extra para la compañía.

FRASES PARA HABLAR

Frases cortas que dan pie a una conversación.

El profesor puede aprovechar para preguntar por situaciones de la vida real y comentar casos de noticias.

Se pueden realizar a partir del nivel A2 en adelante.

DAR CONSEJOS

 Me duele mucho una muela, además, desde hace tiempo me sangran las encías. ¿Qué puedo hacer?

Nuestro hijo no hace nada, ni estudia ni trabaja. No sabemos qué hacer, ¿deberíamos castigarle?

 Nuestro perro se ha escapado, no sabemos dónde está. Mi hija todavía no lo sabe, si se lo decimos se va a poner muy triste.

No me acostumbro a despertarme pronto, tengo un nuevo trabajo y ya he llegado tarde tres veces, mi jefe está muy enfadado.

 Mi hijo es un chico muy bueno, nunca hace nada malo. Hoy, al volver de la escuela, nos ha dicho que otro niño le ha pegado en la clase y la profesora no ha hecho nada.

DAR CONSEJOS

 Vivo en una gran ciudad desde hace 20 años. Últimamente no me siento muy bien, el médico me ha dicho que sufro estrés. ¿Qué hago?

Hoy es el cumpleaños de mi novia y no tengo ningún regalo, ¿qué puedo hacer?

 No recuerdo dónde aparqué mi coche, he estado toda la mañana buscándolo y no lo he podido encontrar.

Tengo algo de dinero ahorrado, me gustaría hacer una inversión para ganar más dinero. ¿Qué me recomiendas?

 Me encanta hacer deporte, pero tengo un problema. Últimamente, cuando corro, me duele la rodilla. ¿Qué me aconsejas?

¿QUÉ HARÍAS EN ESTA SITUACIÓN?

 Estás en un restaurante y, de repente, te encuentras una cartera en el suelo con mucho dinero. ¿Qué haces?

Estás andando por la calle y te encuentras con un amigo que hace mucho tiempo que no ves.

 Pierdes tu teléfono móvil, lo peor de todo es que estás en una ciudad que no conoces. No tienes amigos ni conocidos en la zona. ¿Qué haces?

Vives en un piso de alquiler, sabes que el dueño quiere subir el precio del alquiler. Sin embargo, tú no puedes pagar más.

 Estás en un restaurante en España, quieres probar muchas cosas nuevas, pero tienes un problema, tienes una alergia muy fuerte a varios alimentos.

¿QUÉ LE PUEDE PASAR A...?

 Un profesor despistado e impulsivo que siempre llega tarde a sus clases, sin embargo, tiene un talento increíble.

Un millonario ruso tartamudo que busca novia, ha empezado a utilizar las redes sociales para buscar pareja.

 Un policía adicto al trabajo que casi no duerme. Resuelve todos los casos, pero utiliza métodos que no son del todo legales.

Un carnicero parlanchín que bebe alcohol en el trabajo, le gusta bromear con los cuchillos.

 Un hombre muy feo y desagradable que no tiene amigos ni pareja, un día, gana el premio más grande que la lotería nacional ha repartido en toda la historia.

ERES UN DETECTIVE PRIVADO, ¿CÓMO INVESTIGARÍAS A...?

Un político corrupto que recibe dinero de empresas para ayudarlas con leyes nuevas. Le gusta comer en restaurantes caros.

Un mafioso que trafica con drogas, sus principales clientes son cantantes y estrellas de la televisión. Le gustaría ser conocido como Pablo Escobar.

Un policía corrupto que acepta sobornos a cambio de poner o quitar multas Le gusta salir de fiesta y conocer gente.

Un marido infiel que engaña a su mujer cada fin de semana. Es un mentiroso, miente incluso cuando no tiene la necesidad de hacerlo. Le gusta ir al cine y al teatro.

¿QUÉ PREFERIRÍAS? ¿POR QUÉ?

· Tener mucho dinero, saber todas las coas y ser infeliz o ser pobre, tonto y ser muy feliz.

· Ser un superhéroe con alguna habilidad especial o ser un deportista famoso con muchos fans.

· Tener una casa gratis o poder hablar todos los idiomas del mundo.

· Ser una persona muy atractiva o ser una persona muy inteligente

· Viajar a la Luna o viajar a Tailandia.

· Ser un político o ser un ladrón.

· Poder saber lo que la gente piensa de ti o que nadie pueda saber tus intenciones secretas.

· Ser muy fuerte o ser muy rápido.

· Comer siempre pizzas o comer siempre tartas.

· Hablar con el presidente de tu país o hablar con un cantante famoso.

· Tener ropa nueva todos los días o ver una buena película cada día.

SITUACIONES CON FAMILIA Y AMIGOS

Para trabajar en parejas, cada uno recibe un rol y se debe entablar una conversación.

El profesor puede intervenir para ayudar, dar ideas o generar más temas de discusión.

Se pueden realizar a partir del nivel A2 en adelante.

EL DÍA DESPUÉS DE LA FIESTA

Anfitrión:

Ayer celebraste una fiesta en tu nueva casa. Uno de los invitados se bebió hasta el agua de los floreros. Este invitado te llama por teléfono para saber qué pasó en la fiesta. Hazle un pequeño interrogatorio para ver qué recuerda de la fiesta.

Algunos temas de los que podéis hablar:

- empujar a alguien a la piscina;
- tirar la bebida a otra persona;
- decir tonterías;
- caerse en algún sitio;
- romper algo.

· Pregúntale a tu amigo qué y cuánto bebió.

· Haz preguntas del estilo: "¿Recuerdas que ayer le dijiste a Marta que...?"

· Pregunta cómo volvió a casa qué es lo último que recuerda de la fiesta.

· Cuéntale alguna cosa que hizo: "Llamaste a tu exnovia y le dijiste que..."

EL DÍA DESPUÉS DE LA FIESTA

Invitado:

Ayer estuviste en una fiesta en casa de un amigo. El dolor de cabeza con el que te has despertado parece indicar que bebiste demasiado. Haz preguntas a tu amigo para descubrir lo que hiciste durante la fiesta.

Algunos temas de los que podéis hablar:

- un juego de beber en el que participaste;
- algo que te ofrecieron para probar;
- la hora a la que se fue la gente a casa;
- el ambiente de la fiesta;
- las personas que había allí.

· Discúlpate por haber bebido demasiado.

· Confirma si es verdad lo que otras personas te han dicho, utiliza frases del estilo: "He hablado con tu primo y me ha dicho que ayer yo… ¿Es verdad?"

· Pregunta por las personas que había en la fiesta.

· Habla de alguna foto que has visto en las redes sociales sobre la fiesta.

LA RUPTURA COMPLICADA

Novio:

Tu pareja es una persona muy excéntrica, no puedes más con esta relación y has decidido cortar con ella. El problema es que es un momento delicado para tu pareja, es el funeral de su gato, al cual ha invitado a 80 personas. Intenta decirle de forma delicada que quieres acabar con la relación.

· La idea del funeral para el gato te ha parecido absurda, intenta explicárselo sin herir sus sentimientos.

· Es un momento muy delicado, debes introducir el tema poco a poco, puedes hablar de cosas que han pasado últimamente.

· Tu novia se pone nerviosa con facilidad, trata de recordarle alguna ocasión en la que perdió los papeles.

· Intenta hablar también de las cosas que deseas en la vida.

LA RUPTURA COMPLICADA

Novia:

Estás triste porque tu gato ha muerto. Has organizado un funeral con muchos invitados. Tu novio está un poco raro, crees que quiere cortar contigo. Has pensado que si no le dejas hablar del tema, pronto se olvidará de estas tonterías y todo volverá a la normalidad.

· No le dejes llevar la conversación al tema amoroso, puedes interrumpirle, preguntarle cosas o decirle que necesitas algo.

· Habla de tus sentimientos y de lo importante que es apoyarse en momentos difíciles, puedes dar algunos ejemplos.

· Habla de planes para el futuro y cosas que podrían ayudaros a superar la pérdida del gatito.

· No permitas que tu novio te hable de rupturas, intenta cambiar el tema de conversación.

EL TELÉFONO ROTO

Hermano mayor:

Estabas jugando al fútbol con tu hermano menor en el salón, aunque vuestros padres os habían dicho muchas veces que no lo hicierais. No sabes cómo ha podido pasar, pero el teléfono de tu padre se ha caído de la mesa y se ha roto. Crees que lo mejor es inventar una historia y contársela a vuestro padre, no podéis decirle la verdad porque se enfadaría muchísimo y os castigaría sin salir de casa.

· Vuestro padre tiene muy mal humor, el teléfono era nuevo, bajo ningún concepto podéis decirle la verdad.

· Lo mejor sería echarle la culpa a la limpiadora.

· Recuérdale a tu hermano las consecuencias de un castigo.

· Invéntate una historia sobre un amigo que estuvo en una situación similar.

· Piensa en alguna forma de sustituir el teléfono roto por uno nuevo sin que vuestro padre se dé cuenta.

EL TELÉFONO ROTO

Hermano menor:

Estabas jugando al fútbol con tu hermano mayor en el salón, aunque vuestros padres os habían dicho muchas veces que no lo hicierais. Tu hermano ha chutado muy fuerte y el teléfono se ha caído y se ha roto. Vuestra madre siempre os dice que hay que decir la verdad y asumir las consecuencias de las cosas que hacéis, piensas que es lo mejor que podéis hacer en esta situación.

· La culpa ha sido de tu hermano, pero estás dispuesto a responsabilizarte también por lo que habéis hecho.

· Las mentiras siempre se acaban descubriendo y entonces es peor.

· No quieres que una persona inocente sufra por vuestra culpa.

· Estás seguro de que vuestro padre sabrá apreciar la sinceridad.

LAS VACACIONES

Padre:

Se acerca el verano. Como cada año, quieres ir con tu familia a la casa junto al mar que tenéis en Alicante, pero este año tu hija de 16 años tiene otros planes que no te gustan. Ella quiere viajar por Europa en caravana con unos amigos mayores y que tú no conoces. Intenta convencerla para que cambie de opinión y vaya con la familia.

· No conoces a estos amigos. Has visto sus redes sociales y no te gustan mucho.

· La familia debe estar unida. Ir de vacaciones es una oportunidad perfecta para estar juntos.

· Puedes proponerle a tu hija algún regalo.

· Ella es todavía demasiado joven, tendrá mucho tiempo en el futuro para hacer esas locuras.

LAS VACACIONES

Hija:

Este verano unos amigos te han propuesto un plan genial, viajar en caravana por Europa. Sin embargo, tu padre quiere que vayas con la familia a la casa de verano. Intenta convencer a tu padre para que te permita ir con tus amigos.

· Te gusta pasar tiempo con tu familia, pero es demasiado tradicional.

· Habla sobre el plan del viaje.

· Solo quieres un poco de diversión, igual que tus padres cuando eran jóvenes.

· Habla sobre tus amigos, sus trabajos y sus gustos.

· No tienes dinero para el viaje, así que tienes que pedirle un poco a tus padres.

DEBATES

Se lee un texto sobre un tema polémico en clase. También puede enviarse a los alumnos antes de la clase para que se preparen en casa. A continuación, se separa a los estudiantes en dos grupos. Tras unos minutos de preparación, empieza el debate.

Los estudiantes pueden recurrir a información de Internet, hablar de sus experiencias personales o, incluso, inventarse datos falsos, lo importante del ejercicio es mejorar la expresión oral.

El profesor actúa como moderador.

Se puede hacer este ejercicio a partir del nivel A2 en adelante.

Un español obliga a cancelar 130 vuelos

El aeropuerto de Múnich se vio obligado a cancelar el martes alrededor de 130 vuelos después de que la policía detuviera el check-in y evacuara el aeropuerto para buscar a un pasajero que por error salió por una salida de emergencia.

La policía dijo que tenían que ordenar a todas las personas que salieran del aeropuerto, incluidos los pasajeros que ya habían pasado por el control de seguridad, para asegurarse de que no se hubieran dejado artículos peligrosos.

El pasajero desaparecido, un hombre español que abrió una puerta de emergencia en la Terminal 2, fue encontrado más tarde en la Terminal 1. El check-in se reanudó después de un cierre de cuatro horas que provocó retrasos significativos durante el resto del día.

Vía: www.lavanguardia.com

GRUPO 1

A favor de incrementar las medidas de seguridad. Esperar un par de horas no es nada comparado con la posibilidad de poder morir en un atentado terrorista.

GRUPO 2

A favor de reducir la seguridad. La probabilidad de atentado terrorista es tan baja que se debería agilizar el embarque y desembarque. Las medidas de seguridad provocan más problemas de los que solucionan.

Pilotos de EE.UU. reconocieron haber visto ovnis

Aquellos que sienten fascinación por los objetos voladores no identificados (ovnis) tienen un nuevo misterio sobre el que hacer hipótesis.

Varios pilotos de la fuerza naval de Estados Unidos reconocieron públicamente que, durante varios meses entre 2014 y 2015, avistaron una serie de ovnis mientras realizaban maniobras militares en la costa este de su país.

Así se lo contaron al diario estadounidense The New York Times, que esta semana reveló la información en un reportaje que también incluye declaraciones de un portavoz de la fuerza naval.

Los pilotos entrevistados divisaron objetos extraños sin motor visible que volaban a velocidades hipersónicas a más de 9000 metros de altura.

"Esas cosas están ahí fuera todo el día", le dijo al periódico el teniente Ryan Graves, un piloto con diez años de servicio que informó de los avistamientos al Pentágono y al Congreso de EE.UU.

Vía: www.bbc.com

GRUPO 1

Convencido de que los extraterrestres existen, están entre nosotros y nos observan. Los gobiernos lo ocultan por interés o para evitar el pánico. Si tantas personas en diferentes lugares del mundo aseguran haber visto ovnis, tiene que ser verdad.

GRUPO 2

Convencido de que las historias sobre ovnis son totalmente falsas. Las pruebas que ofrecen aquellos que dicen haber visto ovnis nunca están claras. Si fuese verdad, el gobierno nos lo diría públicamente.

El Gobierno financiará por primera vez un medicamento para dejar de fumar

La cartera de servicios del Sistema Nacional de Salud incluirá por primera vez un medicamento para dejar de fumar, que podrá ser recetado tras un nuevo protocolo en los centros de asistencia primaria y del que el Ministerio de Sanidad calcula que se podrán beneficiar, de entrada, unas 70 000 personas.

La ministra detalló que su Ministerio llevará la Vareniclina a la próxima comisión interministerial de precios, que se celebra mañana lunes, en el último paso para que sea posible su financiación como medicamento para la deshabituación de tabaco.

"Es cuestión de semanas que entre en la cartera de servicios", subrayó Carcedo, quien recordó que los médicos de la atención primaria tendrán un protocolo de prescripción de los pacientes en tratamiento y orientación médica para la deshabituación del tabaquismo.

Vía: www.abc.es

GRUPO 1

Totalmente a favor de esta nueva ayuda. El problema del tabaquismo debe ser erradicado. El dinero está muy bien invertido, las personas que fuman necesitan apoyo para dejar de hacerlo.

GRUPO 2

En contra de financiar esto. Fumar es una adicción voluntaria, todos los que compran cigarrillos saben lo que están haciendo. ¿Por qué debemos pagar todos los demás por esto? El dinero se podría gastar mucho mejor apoyando otras iniciativas.

Experimentación con animales

Cada año más de 115 millones de animales, contando solo a vertebrados, son sometidos a experimentación con el fin de beneficiar a seres humanos. Ello incluye prácticas tales como obligarlos a inhalar gases tóxicos, aplicarles sustancias corrosivas en piel y ojos, infectarlos con virus o extirparles parte del cerebro. Ciertamente, el número de animales no humanos que sufren y mueren por causa de estas prácticas es mucho menor que el de los que son víctimas de la industria alimentaria, o de los individuos en estado salvaje que sufren por eventos naturales.

Solemos asociar la experimentación con animales a esfuerzos por aumentar la calidad y duración de vidas humanas. Sin embargo, este no es el objetivo perseguido en la mayoría de los casos. Además, respecto a aquellos en que sí lo es, hay razones éticas fuertes para rechazar la actual práctica de experimentación animal, si consideramos que tampoco estaría justificada con seres humanos.

Vía: www.eldiario.es

GRUPO 1

A favor de cancelar todo tipo de experimentos con seres vivos, incluso si estos podrían ayudar a curar enfermedades. El sufrimiento no está justificado en ningún caso. Los animales deberían tener los mismos derechos que los seres humanos.

GRUPO 2

A favor de los experimentos, siempre y cuando ayuden a la ciencia a avanzar. Para solucionar los grandes problemas de la humanidad hay que hacer sacrificios. Los animales utilizados en los experimentos se crían específicamente para este fin.

Legalización de la marihuana

La batalla por la legalización de la marihuana vive un momento especial. Canadá atrajo las miradas de medio planeta al convertirse en el primer país del G7 en aprobar su consumo y producción.

En EE.UU. ya son diez los estados que permiten la recreativa y 33 los que consienten la medicinal. En Sudamérica, Uruguay fue el primer país que la legalizó (en 2013) y Chile discute si aprueba el autocultivo y consumo privado con fines tanto medicinales como recreativos.

En Europa, Portugal descriminalizó el consumo y tenencia de todas las drogas para uso personal en 2001, Países Bajos lleva años permitiendo comprar y fumar en coffee-shops y la República Checa aprobó su uso terapéutico en 2013.

La legislación varía por países, pero algo queda claro: a medida que la actitud social ante esta droga se relaja, muchos gobiernos actualizan su legislación.

Vía: www.esquire.com

GRUPO 1

A favor de legalizar la marihuana en todos sus usos. Por motivos de libertad, económicos, de empleo y culturales. Podemos ganar mucho legalizando un producto que ya es de uso común entre la población.

GRUPO 2

Totalmente en contra de legalizar la marihuana, es la puerta hacia las drogas duras. La salud de los jóvenes está en juego y no podemos permitir que el consumo aumente. Las multas por posesión de marihuana recaudan dinero para el país y deberían ser más altas.

IMÁGENES PARA HABLAR

En primer lugar, los estudiantes deben describir la imagen. Seguidamente, responderán a las preguntas, estableciendo una conversación con el profesor.

Las respuestas se deben alargar lo máximo posible, tratando de crear estructuras complejas.

Se puede hacer este ejercicio a partir del nivel A2 en adelante.

¿Quieres más imágenes para hablar? Descárgalas desde este enlace o utiliza el código QR.

www.bit.ly/conversaesp

1. ¿Qué puedes ver en la imagen?

2. ¿Qué piensas que hay en la pantalla del ordenador?

3. ¿Cómo se sienten las personas de la imagen?

4. ¿Qué puedes decir de ellos basándote únicamente en su forma de vestir?

5. ¿Qué puede hacer una empresa para intentar crear un ambiente amigable entre sus trabajadores?

6. ¿Qué situaciones pueden afectar negativamente al ambiente de trabajo?

1. ¿Qué puedes ver en la imagen?

2. ¿Qué época del año piensas que es? ¿Por qué?

3. ¿Qué tipo de viaje realiza el niño?

4. ¿Por qué piensas que el niño está solo en la estación?

5. ¿Qué tipo de atención se le debe ofrecer a un niño que ha sufrido situaciones traumáticas?

6. ¿Te gustaría adoptar a un niño de otro país? ¿Por qué?

1. ¿Qué puedes ver en la imagen?

2. Describe brevemente la situación de principios del siglo XX.

3. ¿En qué se diferenciaban los transportes de entonces con los de ahora?

4. ¿Qué crees que va a suceder a continuación?

5. ¿Alguna vez has tenido algún problema con el coche?

6. ¿A qué época de la historia te gustaría viajar?

1. ¿Qué puedes ver en la imagen?

2. ¿Te gusta más viajar en solitario o acompañado? ¿Por qué?

3. ¿Cuáles son las ventajas de viajar con una agencia de viajes? ¿Y las desventajas?

4. ¿A qué lugar del mundo te gustaría ir?

5. ¿Alguna vez te has perdido durante un viaje?

6. Habla sobre tus últimas vacaciones. ¿Dónde fuiste? ¿Con quién? ¿Qué hiciste?

1. ¿Qué puedes ver en la imagen?

2. ¿Qué sabes sobre esta cultura?

3. ¿Tienes juegos en tu teléfono móvil? ¿Cuáles te gustan más?

4. ¿Cómo se puede controlar la adicción a los videojuegos?

5. ¿Conoces alguna persona que pase la mayor parte de su tiempo jugando a videojuegos?

6. ¿Qué podemos aprender de un juego?

1. ¿Qué puedes ver en la imagen?

2. ¿Qué relación piensas que hay entre estas personas?

3. ¿Dónde crees que está teniendo lugar la conversación?

4. ¿Sobre qué tema piensas que están hablando?

5. ¿Qué tipo de trabajo te gustaría desempeñar en el futuro?

6. ¿Crees que la imagen personal influye en lo que otras personas opinan sobre nosotros?

1. ¿Qué puedes ver en la imagen?

2. ¿Qué siente la chica?

3. ¿Por qué se siente de este modo?

4. ¿Qué podrían hacer otras personas para que ella se sintiese mejor?

5. ¿Cuáles son los momentos más duros en la vida de una mujer?

6. ¿Te gustaría trabajar como psicólogo? ¿Qué piensas que es lo más difícil de este trabajo?

1. ¿Qué puedes ver en la imagen?

2. ¿Qué crees que está pasando? ¿Qué va a suceder?

3. ¿Qué piensas de las escuelas de un único sexo?

4. ¿Qué era lo que más te gustaba y lo que menos te gustaba de la escuela?

5. ¿Piensas que la educación es mejor en las escuelas públicas o privadas?

6. ¿Cómo se podría mejorar la relación entre profesores y alumnos en las escuelas?

1. ¿Qué puedes ver en la imagen?

2. ¿Qué crees que está pasando?

3. ¿Te interesan las historias de fantasía y ciencia ficción?

4. ¿Qué le preguntarías a un extraterrestre?

5. ¿Te gustaría ser astronauta? ¿Por qué?

6. ¿Cómo crees que reaccionarían las personas de tu entorno ante una invasión extraterrestre?

TARJETAS CON PREGUNTAS

En primer lugar, el profesor debe recortar las tarjetas.

Se trabaja en parejas.

Cada estudiante recibe una tarjeta y se deben realizar las preguntas entre sí.

En las clases individuales, el profesor sustituye al segundo estudiante.

Se puede hacer este ejercicio con estudiantes de todos los niveles.

¿Quieres más tarjetas con preguntas?
Descárgalas desde este enlace o utiliza el código QR.

www.bit.ly/conversaesp

A

1. ¿Nadas todas las semanas?
2. ¿Hablas en inglés en tu trabajo?
3. ¿Escuchas música todos los días?
4. ¿Tienes familia en Alemania?
5. ¿Compras comida todos los días?

B

1. ¿Cocinas todos los días?
2. ¿Comes 5 veces al día?
3. ¿Estudias por las noches?
4. ¿Limpias la casa los domingos?
5. ¿Cuántos años tienes?

C

1. ¿Cómo te llamas?
2. ¿Cantas bien?
3. ¿Te gusta leer libros?
4. ¿Viajas todos los años?
5. ¿Vives en una casa grande o pequeña?

D

1. ¿Dónde vives?
2. ¿Estudias o trabajas?
3. ¿De dónde eres?
4. ¿Qué te gusta hacer?
5. ¿Tienes el pelo largo?

A

1. ¿A qué jugabas cuando tenías 9 años?
2. ¿Has escuchado la radio hoy?
3. ¿Qué hiciste ayer?
4. ¿Tu vida hace 10 años era igual que ahora?
5. ¿Qué cenaste anoche?

B

1. ¿Has bebido café hoy?
2. ¿Compraste algo ayer?
3. ¿Cómo tenías el pelo cuando eras joven?
4. ¿Hablaste en español durante tus últimas vacaciones?
5. ¿Vivías en casa de tus padres hace 12 años?

C

1. ¿Qué te gustaría hacer el próximo verano?
2. ¿Ibas andando a la escuela de pequeño?
3. ¿Cuántos años tenías cuando conociste a tu pareja?
4. ¿Ha cambiado el barrio donde creciste?
5. ¿Hacías la cama todos los días cuando tenías 14 años?

D

1. ¿Estudiabas español en la escuela?
2. ¿Hiciste algo especial por tu 18 cumpleaños?
3. ¿Cuándo recibiste tu primer teléfono móvil?
4. ¿Has hecho deporte esta semana?
5. ¿Jugaste a videojuegos ayer?

B1

A

1. ¿Qué tiempo hará mañana?
2. ¿Qué consejo me podrías dar?
3. ¿Por qué el mar y el cielo son de color azul?
4. ¿Dónde vivirás cuando tengas 80 años?
5. ¿Cómo se hace la masa de la pizza?

B

1. ¿Qué película me recomiendas? ¿Por qué?
2. ¿Qué vas a hacer cuando termines la clase?
3. ¿Qué podría hacer para ganar dinero sin trabajar?
4. ¿A qué momento de la historia te gustaría viajar?
5. ¿Qué te dijo tu amigo cuando hablasteis por última vez?

C

1. ¿Qué podría hacer para pedirle matrimonio a mi novio/a?
2. ¿Qué pasará cuando en el mundo no quede gasolina?
3. ¿Qué ropa debería ponerme para mi primer día de trabajo?
4. ¿Qué podría hacer para hablar con el presidente?
5. ¿Cuál es tu libro favorito? ¿De qué trata?

D

1. ¿Qué harías para escapar de una prisión?
2. ¿Qué quieres que haga tu amiga para ayudarte?
3. ¿Qué hiciste en tu último cumpleaños?
4. ¿Qué es lo más difícil de aprender en tu idioma?
5. ¿Qué pasará cuando se acaben todas las guerras?

ROPA

A

1. ¿Compras ropa todas las semanas?
2. ¿Cuánto cuesta una camiseta en Zara?
3. ¿Utilizas botas en invierno?
4. ¿Vas a comprar ropa mañana?
5. ¿Qué número de zapatos utilizas?

B

1. ¿Utilizas faldas o pantalones?
2. ¿En qué centro comercial compras?
3. ¿De qué color es tu camiseta?
4. ¿Tu hermano utiliza camisa todos los días?
5. ¿Tienes un pijama rojo?

C

1. ¿Compras ropa en el mercado?
2. ¿En verano utilizas chaquetas?
3. ¿Cuánto cuestan unos guantes?
4. ¿Qué ropa quieres comprar?
5. ¿Vas a utilizar un bañador mañana?

D

1. ¿Necesitas algo nuevo de ropa?
2. ¿De qué color son tus calcetines?
3. ¿Tienes demasiada ropa?
4. ¿Compras ropa por internet?
5. ¿Vas a comprar ropa el próximo sábado?

FECHAS Y HORAS

A

1. ¿Qué hora es?
2. ¿Cuándo es tu cumpleaños?
3. ¿Con quién vives?
4. ¿A qué hora te levantas todos los días?
5. ¿Te gusta más mayo o diciembre? ¿Por qué?

B

1. ¿Cómo es tu casa?
2. ¿Qué ropa llevas?
3. ¿A qué hora comes normalmente?
4. ¿De qué hora a qué hora tienes clase de español?
5. ¿De dónde eres?

C

1. ¿A qué hora desayunas?
2. ¿Con quién cenas hoy?
3. ¿Cuál es tu mes del año preferido?
4. ¿Te gusta más el sábado o el domingo? ¿Por qué?
5. ¿Cuánto cuesta el cine en Toruń?

D

1. ¿Cuándo es tu santo?
2. ¿A qué hora te acuestas?
3. ¿Vas a ver a tus amigos el sábado?
4. ¿Cómo vas a trabajar o a estudiar?
5. ¿A qué hora te despiertas?

SALUD

A
1. ¿Qué haces si te duele la cabeza?
2. ¿Cuánto cuestan unas tiritas en la farmacia?
3. ¿Cómo puedes pedir cita en el centro de salud?
4. ¿Has estado en algún hospital en el extranjero?
5. ¿Te duele algún hueso cuando hay humedad?

B
1. ¿Te gustaría trabajar en un hospital?
2. ¿Prefieres la medicina oriental o la occidental?
3. ¿Cuándo estuviste enfermo/a por última vez?
4. ¿Qué haces cuando tienes fiebre?
5. ¿Pides anestesia cuando vas al dentista?

C
1. ¿Intentas llevar una dieta sana y equilibrada?
2. ¿Te mareas al ver sangre?
3. ¿Qué haces cuando tienes resaca?
4. ¿En qué época del año enferma más la gente?
5. ¿Prefieres la sanidad pública o privada?

D
1. ¿Qué harías si vieras un accidente?
2. ¿Qué harías si alguien se atraganta?
3. ¿Utilizas algún remedio casero?
4. ¿Alguna vez te han operado?
5. ¿Te has quemado alguna vez?

NAVIDAD

A

1. ¿Quién cocina en tu casa el día 24 de diciembre?
2. ¿Bebes café en la comida de Navidad?
3. ¿Qué haces el día de Nochevieja?
4. ¿Compras regalos todos los años?
5. ¿Tu familia es grande o pequeña?

B

1. ¿Qué haces el día 6 de enero?
2. ¿Compras ropa nueva para el día 31 de diciembre?
3. ¿A qué hora vas a dormir en Nochebuena?
4. ¿Qué regalos te gustan?
5. ¿Vas a un restaurante con tu familia en Navidad?

C

1. ¿Cantas villancicos en Navidad?
2. ¿Comes más dulces en las fiestas de Navidad?
3. ¿Qué comes el 24 de diciembre?
4. ¿Qué haces el día 1 de enero?
5. ¿Desayunas algo especial durante las fiestas de Navidad?

D

1. ¿A qué hora vas a la comida de Nochebuena?
2. ¿Cocinas en Nochevieja?
3. ¿Dónde comes el día 25 de diciembre?
4. ¿Dónde compras los regalos de Navidad?
5. ¿Con cuántas personas celebras la Nochevieja?

SEMANA SANTA

A

1. ¿Quién cocina en tu casa en Semana Santa?
2. ¿Celebras el Domingo de Ramos con tu familia?
3. ¿Qué haces el lunes de Pascua?
4. ¿Comes algo especial en Semana Santa?
5. ¿Has viajado alguna vez en Semana Santa?

B

1. ¿Vas a la iglesia en Semana Santa?
2. ¿Compras algo especial para la Pascua?
3. ¿A qué hora te despiertas cuando no tienes que trabajar?
4. ¿Qué tradiciones haces con tu familia en Semana Santa?
5. ¿Vas a salir de fiesta en Semana Santa?

C

1. ¿Conoces las tradiciones españolas de Semana Santa?
2. ¿Qué temperatura hace en tu ciudad en abril?
3. ¿Vas a las discotecas durante la Semana Santa?
4. ¿Cómo celebras el Jueves Santo?
5. ¿Cuál es la fiesta que más te gusta del año?

D

1. ¿Trabajas o estudias en Semana Santa?
2. ¿Qué es lo mejor de la Semana Santa?
3. ¿Tienes que ponerte ropa especial en las fiestas?
4. ¿Cuánto dinero te gastas en Semana Santa?
5. ¿Qué planes tienes para tu próxima Semana Santa?

VERANO

A

1. ¿Qué playa te gusta más?
2. ¿Qué es lo mejor del verano? ¿Y lo peor?
3. ¿Trabajas igual en verano y en invierno?
4. ¿Dónde sueles ir de vacaciones?
5. ¿Comes más en restaurantes en verano?

B

1. ¿Vas al gimnasio cuando tienes vacaciones?
2. ¿Estudias en verano?
3. ¿Utilizas internet cuando estás de viaje?
4. ¿Sales más de fiesta en verano que en invierno?
5. ¿Tu familia viaja siempre al mismo sitio en verano?

C

1. ¿Duermes mejor en verano que en invierno?
2. ¿Qué sueles beber en verano?
3. ¿Qué ropa utilizas en agosto?
4. ¿Cuál piensas que es el mejor lugar para pasar el verano?
5. ¿Gastas más dinero cuando estás de vacaciones?

D

1. ¿Cuánto cuesta una semana en un hotel en tu país?
2. ¿Vas con frecuencia a la piscina?
3. ¿Prefieres bucear o escalar?
4. ¿Te gusta ir en bicicleta?
5. ¿Vas a los lagos en verano?

TARJETAS PARA ADIVINAR

El clásico juego Tabú.

El profesor debe recortar las tarjetas.

Los estudiantes cogen las tarjetas de una en una y tratan de explicar la palabra que tienen escrita en ella.

El resto de la clase debe adivinar la palabra que su compañero está describiendo.

Este ejercicio se puede realizar con estudiantes de todos los niveles.

FÁCILES

BICI	LÁPIZ	CAMA
OJOS	TELÉFONO	LIBRO
AVIÓN	MESA	AUTOBÚS

PERRO	GATO	GAFAS
PLÁTANO	POLLO	TOMATE
CAMISA	AGUA	TV

NEVERA	LÁPIZ	TIJERAS
PUERTA	BOLSO	FUEGO
LLUVIA	MOCHILA	RATÓN

PARAGUAS	PALMERA	OSO
CALLE	AZÚCAR	VASO
ESCALERA	BATERÍA	INTERNET

DIFÍCILES

ÁNGEL	PALO	JARABE
DISFRAZ	ESPALDA	GRÚA
TECLADO	PARED	MARCO

PAÑAL	PLANCHA	HUMO
PALA	SUDOR	BOTIQUÍN
HUESO	ANILLO	ESCOBA

EXAMEN OFICIAL

Ejercicios del mismo estilo que los estudiantes se encontrarán en los exámenes oficiales de español.

El profesor debe asistir al estudiante y ayudarle a mejorar su expresión oral.

Se pueden grabar las intervenciones de los estudiantes con una cámara y pasarles el vídeo después de la clase, de este modo, podrán escucharse y ver dónde cometen errores.

(DELE A1) PRESENTACIÓN

INSTRUCCIONES: Usted debe hacer una presentación sobre un amigo o amiga durante 1 o 2 minutos. Puede hablar sobre los siguientes aspectos:

(DELE A1) VIAJE

INSTRUCCIONES: Usted debe hacer una presentación durante 1 o 2 minutos sobre un viaje que quiere hacer o que tiene planeado realizar. Puede hablar sobre los siguientes aspectos:

(DELE A1) TRABAJO

INSTRUCCIONES: Usted debe hacer una presentación durante 1 o 2 minutos sobre el trabajo de su amigo/a. Puede hablar sobre los siguientes aspectos:

(DELE A2) INTERNET

Describa, en una presentación oral breve, ensayada y con términos sencillos, asuntos y experiencias de un aspecto concreto de su vida cotidiana. La tarea consiste en un monólogo previamente preparado de 3-4 minutos.

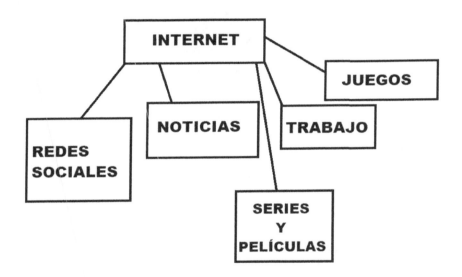

Puede responder a las siguientes preguntas:

· ¿Con qué frecuencia utiliza Internet?

· ¿Qué aplicaciones le parecen más interesantes? ¿Por qué?

· ¿Ve series en Internet? ¿De qué tipo? ¿Cuál recomienda?

· ¿Utiliza Internet en su trabajo?

· ¿Qué piensa sobre los juegos en línea?

(DELE A2) DIÁLOGO

El estudiante simula que llama por teléfono para pedir una pizza a domicilio, el examinador actúa como un trabajador de la pizzería.

El entrevistador puede utilizar estas preguntas:

- Buenos días, ¿qué desea?

- Perfecto, ¿de qué tamaño?

- ¿Con qué ingredientes?

- ¿Quiere algo de beber? ¿Y de postre?

- Tenemos una promoción, si compra una segunda pizza le hacemos un 40% de descuento, ¿le interesa?

- ¿Cuál es su dirección?

- ¿Me puede dar su número de teléfono, por favor?

- ¿Va a pagar en efectivo o con tarjeta?

(DELE A2) ACUERDO

El estudiante debe llegar a un acuerdo con el examinador. Tenéis algo de dinero ahorrado, uno de vosotros piensa que lo mejor es comprar un robot de cocina para preparar deliciosos platos, el otro piensa que la limpieza de la casa es más importante y que se debería invertir el dinero en un robot aspirador de limpieza.

Debe:

1. Hablar de lo que prefiere y explicar por qué.

2. Discutir con el examinador sobre las ventajas e inconvenientes de los productos.

3. Llegar a un acuerdo.

Ventajas del robot aspirador de limpieza

Limpiar menos veces al mes, automático, control remoto con el teléfono móvil, un poco más barato.

Ventajas del robot de cocina

Miles de nuevas recetas en Internet, comer más sano, cocinar mucho más rápido y para más personas.

(SIELE) NIVEL INTERMEDIO

Elija una de las siguientes situaciones. Lea las instrucciones y haga un monólogo con su respuesta. Tiene 1 minuto y medio para realizar la tarea.

Situación 1. Cancelar una cita con su novio/a.

El sábado por la noche tenía planeada una cita con su pareja, sin embargo, le va a ser imposible acudir. Tiene que:

• disculparse;
• explicar las razones por las que debe cancelar la cita;
• proponer otra fecha para la cita.

Situación 2. Explicar la decisión.

Usted ha decidido dejar el trabajo, ha reunido a sus familiares y amigos para explicarles la decisión. Tiene que:

• explicar los motivos que le han llevado a tomar la decisión;
• comentar las cosas que cambiarán en su vida;
• hablar sobre sus planes para el futuro.

(DELE B1) EXPOSICIÓN

Hable durante 2 o 3 minutos sobre el siguiente tema. El entrevistador no intervendrá en esta parte de la prueba.

Un trabajo que le gustaría realizar en el futuro. Incluya información sobre:

• qué trabajo es y por qué le gustaría desempeñarlo;

• desde cuándo le gusta ese trabajo; qué es lo que más le gusta y qué es lo que menos le gusta de ese trabajo;

• cuáles serían sus funciones; cuándo y con quién tendría que trabajar;

• experiencias de otras personas que hayan tenido esa profesión.

No olvide:

• diferenciar las partes de su exposición: introducción, desarrollo y conclusión final;

• ordenar y relacionar bien las ideas;

• justificar sus opiniones y sentimientos.

(DELE B1) CONVERSACIÓN

Usted deberá mantener una conversación con el entrevistador durante 3 o 4 minutos sobre el siguiente tema:

El turismo como actividad económica

· Turismo de sol y playa
· Turismo de negocios
· Turismo religioso
· Turismo cultural
· Turismo rural
· Turismo de salud
· Turismo deportivo

Posibles preguntas del entrevistador:

1. ¿Qué opina sobre los distintos tipos de turismo? ¿Cuál de ellos le parece el mejor para la zona donde vive?

2. ¿Qué impacto tiene el turismo sobre la población local?

3. ¿Qué tipo de turismo es su preferido? ¿Por qué?

4. ¿Qué tipo de turista es el que más dinero gasta? ¿Y el que menos?

5. ¿Prefiere vivir en una zona turística con muchas oportunidades de trabajo o en una zona más tranquila?

6. ¿Cuál es la zona más turística de su país? ¿Por qué?

(DELE B1) RECLAMACIÓN

El estudiante simula que llama por teléfono a una agencia de viajes con la que contrató un viaje a Tenerife. El paquete se vendía como un "todo incluido" con alojamiento, transportes, comidas y excursiones. Sin embargo, resultó ser un desastre.

El estudiante debe realizar una reclamación hablando de los siguientes aspectos:

- explicar cuándo compró el viaje y lo que le dijeron en la agencia;
- hablar sobre los problemas sufridos durante el viaje;
- expresar los sentimientos que tuvo durante las vacaciones;
- exigir una compensación;
- pedir a la agencia que no continúe ofreciendo este tipo de paquetes turísticos.

(DELE B2) GRÁFICO

Usted debe conversar con el entrevistador sobre los datos de una encuesta realizada en España, expresando su opinión y haciendo una comparación con la situación en su país.

¿En qué coinciden? ¿En qué se diferencian?

¿Hay algún dato que le llame especialmente la atención? ¿Por qué?

(SIELE) NIVEL AVANZADO

Lea el siguiente texto. A continuación, escuche las 3 preguntas y grabe sus respuestas.

Tiene 1 minuto para responder a cada pregunta.

Un millonario ruso busca alcanzar la inmortalidad

Un millonario ruso propone integrar el cerebro humano en un robot para alcanzar la inmortalidad. "En los siguientes 30 años me aseguraré de que todos nosotros podamos vivir para siempre", promete Dmitry Itskov. Suena descabellado, pero no hay lugar para la duda en el discurso de este millonario ruso, quien dejó el mundo de los negocios para dedicarse "a algo más útil para la humanidad".

"Estoy 100 % seguro de que pasará. De lo contrario, no lo hubiera puesto en marcha", dice tajante al periodista de la BBC Tristan Quinn.

¿Pero es esto posible? ¿Se puede "subir" un cerebro a una computadora? Itskov no tiene demasiado tiempo para averiguarlo. "Si no existe una tecnología para la inmortalidad, en 35 años estaré muerto", se lamenta.

La muerte es ineludible, al menos a día de hoy, porque a medida que envejecemos las células de nuestro cuerpo pierden la capacidad de repararse. Esto nos hace vulnerables ante enfermedades y otras condiciones relacionadas con la edad que terminarán con nuestras vidas.

Itskov quiere usar la ciencia más vanguardista para destapar los secretos del cerebro humano y trasladar la mente de un individuo a una computadora, liberándola de los límites biológicos de su cuerpo.

Pregunta (audio): ¿Piensa que este experimento tendrá éxito?

Pregunta (audio): ¿Le parece ético?

Pregunta (audio): ¿Qué ventajas e inconvenientes tendría para usted el hecho de vivir para siempre?

(DELE B2) PROBLEMA CON EL AGUA POTABLE

En su país hay un grave problema con el suministro de agua potable. Tan solo el 45 % de la población dispone de agua de calidad en sus casas. La situación es preocupante.

Un grupo de expertos se han reunido para solucionar el problema. Lea las propuestas de los expertos y coméntelas. Hable de sus ventajas e inconvenientes, si pueden generar otros problemas, si habría que matizar algo, etc. Por último, discuta con el entrevistador sobre el tema tratado.

"Se debería cambiar por completo el sistema hidráulico del país, si es necesario, se podría pedir un crédito a los bancos".

"Cada persona debe tener un filtro en su casa. Los ciudadanos deberían pagar la instalación de los filtros".

"Deberíamos planificar ya mismo la construcción de varias plantas desaladoras y extraer agua del mar. Podríamos organizar un concurso de proyectos".

"Hay que fomentar el uso de agua embotellada, es mucho más sana que la que tenemos ahora en nuestras casas".

"Una medida a corto plazo podría ser la limpieza del actual sistema de suministro. Es viejo y está obsoleto, pero una limpieza le vendría bien".

"La mejor opción que tenemos es importar el agua de alguno de los países vecinos, es de mejor calidad que la nuestra".

(DELE C1) EXPOSICIÓN

Usted debe realizar una exposición oral sobre el texto adjunto. Su exposición debe incluir los siguientes puntos:
- tema central;
- ideas principales y secundarias;
- comentario sobre las ideas principales;
- intención del autor, si procede.

Dispone de entre tres y cinco minutos. Puede consultar sus notas, pero la presentación no puede limitarse a una lectura de las mismas.

Los Klarsfeld: el matrimonio que lleva medio siglo cazando nazis

Desde que un flechazo unió sus vidas en el metro de París una tarde de 1960, Serge y Beate Klarsfeld se han dedicado a tres cosas: amarse, discutir y seguir el rastro de los peores criminales nazis huidos u ocultos tras la II Guerra Mundial. Llevaron al banquillo a verdugos como Klaus Barbie, Kurt Lischka o Herbert Hagen. Se les escapó Alois Brunner: es su única espina clavada.

Seguro que Klaus Barbie, El carnicero de Lyon, se pasó el resto de su vida maldiciendo contra aquel inútil miembro de las SS que no supo mirar tras el falso fondo del armario. Del armario en el piso de Niza donde se ocultaban el pequeño Serge Klarsfeld, su hermana Georgette y su madre, Raïssa. El padre de familia, Arno Klarsfeld, judío y miembro de la Resistencia, que había instalado la trampilla salvavidas, acababa de ser detenido por la escuadrilla que lideraba el siniestro Alois Brunner aquel 30 de septiembre de 1943. La de Niza fue una de las peores redadas antijudías de la historia. Arno Klarsfeld terminaría siendo deportado y posteriormente asesinado en Auschwitz. Y el pequeño Serge acabaría convirtiéndose años después, junto con su esposa, Beate, en el mayor cazanazis de la historia.

Entre sus trofeos de guerra siempre sobresaldrá la mirada pequeña y muerta de Klaus Barbie. Lo detectaron en Bolivia en 1971. Atendía al nombre de Klaus Altmann y era un próspero hombre de negocios protegido, sucesivamente, por las dictaduras de Barrientos (que le nombró administrador de la Transmarítima boliviana y asesor de los servicios secretos bolivianos), Banzer y García Meza. Durante años, Barbie se creyó a salvo de todo peligro. Pero Serge y Beate Klarsfeld lograron, tras un tortuoso proceso de documentación, búsqueda, acoso y derribo de más de 15 años —incluyendo varios viajes de Beate a La Paz con pasaporte falso y disfrazada y durísimos encontronazos con las autoridades del país—, que en 1983 el Gobierno boliviano extraditara a Francia al antiguo jefe de la Gestapo de Lyon.

"Lo que pasó con los nazis puede repetirse. Los extremos se movilizan fácil; la gente moderada, no. Hay que estar vigilantes" (Beate Klarsfeld)

No lo habrían conseguido sin la colaboración del periodista de la televisión pública francesa Ladislas de Hoyos, que logró entrevistar a Barbie en La Paz. En el transcurso de la charla, De Hoyos mostró a Klaus Barbie una foto de Jean Moulin, cabeza visible de la Resistencia francesa frente a la ocupación nazi, y a quien Barbie había torturado hasta la muerte. El carnicero de Lyon cogió la fotografía y dijo que no conocía a aquel personaje. Pero dejó sus huellas dactilares en la imagen. Fue su perdición.

Pese a todos los obstáculos y todas las amenazas —los Klarsfeld escaparon a dos atentados, uno con coche bomba y otro con paquete explosivo, ambos probablemente perpetrados por la organización criminal Odessa—, Barbie fue juzgado en Lyon en 1987 y condenado a cadena perpetua. Era el principio del fin para el temible Sturmführer. Para el verdugo de los 44 niños judíos de la colonia de vacaciones de Izieu, a quienes en 1944 envió al campo de concentración de Drancy para, pocos días después, ser gaseados en Auschwitz, en lo que supuso uno de los episodios más siniestros en el genocidio perpetrado por el III Reich. Así que, a Klaus Barbie, la idea de que aquel niño, su futuro cazador, estaba escondido en aquel armario de Niza y que no fue detectado por los hombres de Brunner, debió de perseguirle hasta su muerte por leucemia, en 1991 en la cárcel de Lyon.

Serge Klarsfeld, a sus 84 años mantiene un discurso que parece en todo momento un alegato jurídico, mezcla de datos, expresividad y autoridad: "Barbie fue soberano en sus decisiones. Era el jefe de la Gestapo en Lyon, un personaje terrorífico que no tuvo que pedir permiso a nadie de arriba para las fechorías que cometió. Él y solo él dio la orden de detener y de deportar a los niños judíos de la residencia de Izieu. Era culpable, por eso lo acorralamos y lo perseguimos hasta que pudo ser juzgado en Francia. Otros nazis, en la guerra, cumplían órdenes militares, su culpabilidad puede discutirse. La de Barbie es indiscutible".

Pero no todo fueron éxitos. Su objetivo frustrado lleva el nombre de Alois Brunner. Localizaron al oficial de la siniestra sección IVB4 de la Gestapo y comandante del campo de concentración de Drancy en 1982. Supieron que se encontraba en Damasco, donde vivía protegido por el régimen de Hafez el Asad desde 1954 bajo el nombre de Aboud Hossein. Viajaron a Siria para pedir su extradición, pero nada más conocer su presencia en el país, los servicios secretos sirios —para quien Brunner había trabajado— lo condujeron al sótano de una vivienda privada. Allí pasaría 20 años escondido. En 2017, la revista francesa XXI publicó que Alois Brunner había fallecido en 2001 en aquel sótano de Damasco.

"No haber logrado detener a Alois Brunner es una espina que tenemos clavada, claro", lamenta Serge Klarsfeld. "Sin embargo, tenemos el consuelo de saber que tuvo una existencia desdichada durante los 10 últimos años de su vida. Desde 1992, cuando la policía lo detuvo en su apartamento, hasta 2001, cuando murió, estuvo viviendo en una bodega húmeda, casi sin alimentarse. Había perdido los dedos de una mano en un atentado con paquete bomba cometido contra él cuando vivía en Damasco, y había perdido un ojo en otro atentado…, yo creo que esos fueron los servicios secretos franceses. ¡Desde luego, le quedó claro que había gente que no se había olvidado de él!".

Vía: www.elpais.com

(DELE C1) MIEMBRO DEL JURADO

Usted es miembro del jurado de un concurso de pintura infantil. Debe opinar sobre los dibujos finalistas y escoger un ganador. Tenga en cuenta los siguientes criterios:

- que exprese un sentimiento;
- el mensaje del dibujo;
- su originalidad;
- su estética.

Discuta con el entrevistador durante 4-6 minutos sobre cuáles serían las mejores opciones. Recuerde que se trata de una conversación abierta y que por tanto puede interrumpir a su interlocutor, discrepar, pedir y dar aclaraciones, argumentar sus opiniones, rebatir las del entrevistador, etc.

JUEGOS DE ROL

Para que las clases sean más amenas: juegos, juegos y más juegos. Eso sí, siempre enfocados a aprender un determinado vocabulario o tiempo verbal.

Para los juegos con tarjetas de preguntas se pueden utilizar otras más difíciles que podréis encontrar en mi cuenta de Instagram "El semáforo español".

¿Quieres tener los juegos en formato Word editable? Descárgalos desde este enlace o utiliza el código QR.

www.bit.ly/conversaesp

JUEGO DE ROL DE FANTASÍA

INSTRUCCIONES

Está pensado para repasar el nivel A1, pero se puede adaptar a cualquier nivel.

Cada alumno recibe un personaje con características y habilidades únicas. Debe actuar del mismo modo que lo haría su personaje.

El profesor será el narrador que irá contando una historia. Los alumnos deberán interactuar y solucionar los problemas de sus personajes.

El profesor debe recortar los objetos de la tienda, los corazones de vida, los monstruos y las tarjetas de personajes.

Los alumnos deben leer sus diálogos.

Una parte importante del juego son las compras. Los alumnos tendrán que negociar precios y practicar los diálogos en diferentes establecimientos. El profesor puede utilizar dinero falso para el juego y adaptar los precios. Lo mejor es que los objetos más deseados tengan un precio alto y que los alumnos tengan que completar varias misiones para conseguirlos.

Para luchar contra los monstruos utilizarán las tarjetas de preguntas y se defenderán diciendo el vocabulario.

El profesor debe ir poniéndoles problemas durante su historia. Los alumnos deben aportar ideas para solucionarlos.

PERSONAJES

GUERRERO

Es muy fuerte, agresivo y tiene mucha experiencia. Es alto y grande. Ataca antes de pensar. Siempre quiere comer y beber el primero.

HABILIDADES

Pelear sin miedo.

Negociar precios.

Comer cualquier cosa.

ARQUERO

Es muy rápido, puede correr más que nadie. También es muy buen observador. Le gusta mucho jugar. Es muy pequeño.

HABILIDADES

Ver a mucha distancia.

Pasar por sitios por donde otros no pueden.

Buscar cosas difíciles de encontrar.

Atacar desde lejos.

MAGO

Es muy inteligente, puede hablar con los animales y con los árboles. Sabe leer y escribir. Aprende muy rápido y habla muchas lenguas. Le gusta mucho dormir.

HABILIDADES

Estudiar y aprender muchas cosas.

Hablar con todos los seres vivos.

Detectar mentiras.

Atacar con magia de fuego, hielo, etc.

INTRODUCCIÓN

Los tres amigos caminan por las calles de la capital. Hace mucho calor. Se escucha el sonido típico de la ciudad: gente hablando, gatos y perros corriendo por las calles y los soldados controlando el orden.

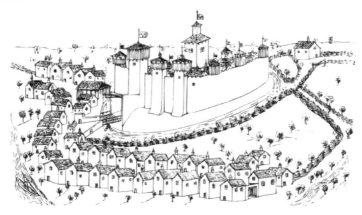

Guerrero: ¡Tengo hambre! Quiero comer.

Mago: Comes todo el tiempo, ¿no puedes esperar? Ahora vamos a hablar con el rey.

Guerrero: Quiero comer ahora.

Arquero: Yo puedo cocinar muy rápidamente.

Mago: ¡No! Vamos a hablar con el rey, es muy importante.

Guerrero y Arquero: Vale….

Mago: Si el rey quiere hablar con nosotros, es porque hay problemas.

Arquero: No me gusta el rey, no trabaja y tiene mucho dinero.

Guerrero: Y puede comer cuando quiere…

Mago: ¿Tú siempre piensas con el estómago?

Guerrero: ¿Yo? Pues no, cuando estoy con los monstruos pienso con la espada.

Arquero: Seguro que sabes todos los monstruos que se pueden comer y los que no.

Guerrero: A ti te voy a comer si no paras de hablar.

Mago: ¡Dejad de discutir! Mirad, es el castillo del rey. ¿No pensáis que es increíblemente bonito? Vamos a entrar

Rey: Hola a todos. Como ya sabéis, yo soy el rey. Quiero hablar con vosotros porque tenemos un problema. Los orcos nos atacan. Tienen un ejército muy grande.

Los orcos son unos monstruos que viven en las montañas del norte, pero ahora atacan nuestras ciudades.

Los orcos tienen como prisionera a mi hija, la princesa. Creo que ella está en el bosque. Es una chica muy hermosa.

Necesito vuestra ayuda, tenéis que salvar a mi hija. Este dinero es para vosotros. Podéis comprar en la tienda de la ciudad. Si decís que os envía el rey, tenéis un descuento especial.

El bosque es grande y oscuro. Es difícil buscar. Hace frío y llueve mucho. Los árboles más grandes tienen más de veinte metros. Se escuchan los sonidos de los animales.

Arquero: ¡Vamos! Rápido, rápido.

Guerrero: ¿Tienes más bocadillos?

Mago: ¡No! No tengo más bocadillos, ya te has comido 10.

Arquero: ¿Dónde está el lugar donde el rey dice que está su hija?

Mago: Muy cerca, solo 100 metros más.

Guerrero: Hmmmmmmmmmm….. huele a pollo…

 Unos orcos están en el camino. Os ven y rápidamente van a hablar con vosotros. El más pequeño de todos parece que es el jefe. Hablando un poco agresivamente os dice:

- ¡Alto! ¿Qué hacéis por aquí? ¿A dónde vais?

Guerrero: ¿Vosotros estáis cocinando pollo? Tengo hambre.

Arquero: Son orcos. No comen pollo. Prefieren comer humanos.

Mago: ¡Silencio! Buscamos a la princesa. ¿La tenéis vosotros?

Los orcos no responden. Se miran, se ríen y os atacan sin avisar. Tenéis que defenderos.

COMBATE (Utilizar tarjetas de ataque y defensa)

Princesa: Muchas gracias. Me habéis salvado. ¡Soy libre! Ahora podemos volver al castillo de mi padre, el rey.

Tengo mucho dinero, tomad, es para vosotros. ¡Cuidado, un pequeño orco escapa! Seguro que va a informar a sus amigos.

¿Quién puede correr detrás de él? (**PROBLEMA**)

......

Arquero: Vamos a volver al castillo del rey. ¡Rápido!

Mago: Tenemos mucho dinero. ¿Qué vais a comprar?

Guerrero: Yo quiero tres kilos de helados.

Arquero: Pues yo voy a comprar un arco nuevo.

Mago: ¿Y tú no quieres comprar una espada?

Guerrero: Hmmmm. Primero el helado, después la espada.

Los tres amigos llegan a la ciudad con la princesa. La gente está muy feliz. Todos salen a las calles para felicitar a los héroes.

Rey: Muchas gracias por ayudar a mi hija, podéis pedirme todo lo que queráis.

Guerrero: ¡Un jamón gigante de cinco kilos!

Mago: ¡No! Necesitamos dinero, vamos a comprar cosas importantes para nuestras misiones.

Arquero: ¡Sí! Yo quiero un sombrero.

Rey: Muy bien, aquí tenéis el dinero.

MISIÓN 2: AYUDAR A LAS NIÑAS

Los tres amigos están en un restaurante terminando de comer. Se acercan a unas niñas muy pobres. Parecen estar tristes.

Niñas: Hola, necesitamos vuestra ayuda. Todos dicen que sois muy valientes.

Arquero: ¿Qué necesitáis? ¿Algo de comida?

Guerrero: Si queréis podemos pedir más carne y volvemos a comer todos juntos.

Niñas: No, lo que nos pasa es que un hombre muy malo que se llama Darko tiene nuestro caballo. Es un pirata muy peligroso. Vive en un castillo en las montañas. Dicen que tiene un ejército de esqueletos.

Mago: ¿Darko? Sí, sé perfectamente de quién habláis. Es un viejo amigo, pero ahora es un pirata. Lo conocemos desde hace mucho tiempo, pero ahora es muy diferente. Es un monstruo muy malo.

Arquero: No me gusta Darko. Es muy malo con los niños. Recuerdo sus ojos negros como la noche.

Guerrero: Pues yo lo que recuerdo es que tiene mucho miedo de los elefantes. Cuando ve uno, sale corriendo como un conejo.

Niñas: Nuestro padre es el carnicero de la ciudad y sin el caballo no puede trabajar.

Guerrero: Pues vamos a buscar a Darko. Niñas, ¿si recuperamos a vuestro caballo, nos podéis pagar con hamburguesas?

Arquero: ¿O con unas botas normales?

Mago: ¡No! Vamos a hacer esto gratis, ¿entendido?

Guerrero: Sí...

Los tres amigos caminan hasta las montañas. El castillo de Darko da mucho miedo. Un ejército de esqueletos sale por la puerta.

Guerrero: ¡Yo voy a pelear contra todos!

Arquero: Los rápidos vamos primero. Lo siento mucho, amigo.

Mago: Tenemos que ser inteligentes. Mirad, los esqueletos tienen números. Creo que si decimos los números correctos y utilizo la magia, podemos destruir a los esqueletos.

COMBATE (los alumnos deben decir los números de los esqueletos)

......

 Darko: ¿Dónde están mis esqueletos? ¡Oh, no! Otra vez vosotros tres... Voy a tener que enviaros de vuelta a vuestras casas a golpes. Viejos amigos, no sois bien recibidos aquí. Sabéis que soy el más fuerte de todos. ¡Fuera de mi castillo!

Arquero: No sé por qué, pero no me das miedo.

Guerrero: Te veo un poco débil, Darko. ¿Es que no has comido bien últimamente?

Mago: Ya está bien de tonterías. Robar a unas niñas pequeñas está muy mal, vas a pagar por ello.

COMBATE (Utilizar tarjetas de ataque y defensa)

......

 ¡Muchas gracias! Tenéis nuestro caballo. Nuestro padre dice que os va a regalar unas hamburguesas de una carne especial de dragón.

Guerrero: Hmmm ¡Sí! ¡Me encanta la carne de dragón!

Arquero: Dicen que si comes mucha carne de dragón, te duele la barriga durante una semana.

Guerrero: Me da igual, está deliciosa.

Mago: Muchas gracias, pero esto no lo hacemos por la recompensa. No necesitamos estas hamburguesas.

Guerrero: Pero...

Mago: No. Ayudamos a las personas porque tenemos que hacerlo, no por su dinero.

Niñas: También queremos regalaros un huevo mágico de dragón.

Mago: Bueno... Pensándolo mejor... Creo que sí que podemos aceptar la recompensa.

LA TIENDA

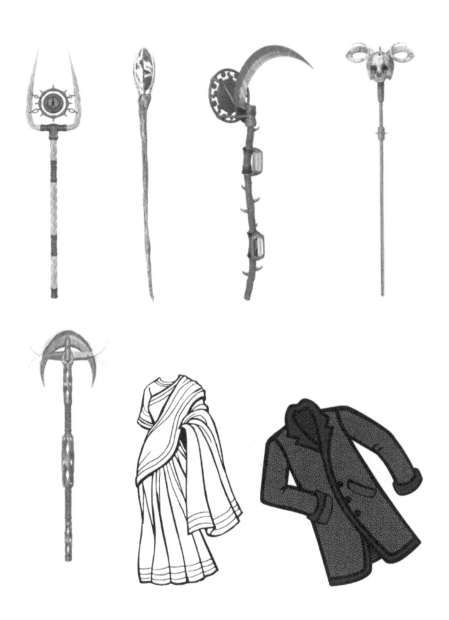

ATAQUE	ATAQUE	ATAQUE	ATAQUE
Yo .... (vivir) en el centro de la ciudad, pero mi amigo .... (vivir) lejos.	Nosotros siempre .... (beber) vinos españoles.	Mi hermano .... (trabajar) en el castillo del rey.	Yo .... (estudiar) español y mi amigo .... (estudiar) inglés.

ATAQUE	ATAQUE	ATAQUE	ATAQUE
Nosotros .... (jugar) en el parque con la pelota.	El mago .... (atacar) al dragón.	Tú .... (correr) todos los días 10 kilómetros.	El profesor .... (explicar) la lección.

ATAQUE	ATAQUE	ATAQUE	ATAQUE
Yo .... (viajar) al bosque mágico con mi familia.	Yo .... (buscar) la solución a mis problemas.	Yo .... (tener) 30 años.	El monstruo .... (ser) muy grande.

ATAQUE	ATAQUE	ATAQUE	ATAQUE
Ellos .... (vivir) en las montañas.	El rey .... (comprar) muchas cosas.	Tú .... (estudiar) todos los días.	El monstruo .... (ser) muy grande.

ATAQUE	ATAQUE	ATAQUE	ATAQUE
Nosotros .... (volver) a casa a las 19:00.	Ellos .... (estar) en la escuela de magia.	El dragón .... (ser) muy fuerte.	Yo .... (querer) ser el arquero más rápido del mundo.

ATAQUE	ATAQUE	ATAQUE	ATAQUE
Tú .... (esperar) todos los días en la puerta de la tienda.	Ellos .... (ver) películas en el ordenador de su hermano.	El caballero .... (rescatar) a la princesa.	Yo .... (leer) un libro muy antiguo.

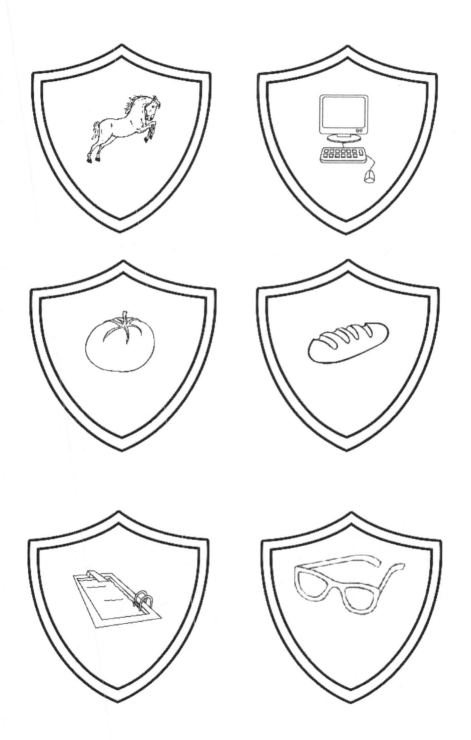

MONSTRUOS

YO SOY MUY GRANDE Y MUY FUERTE.

YO NO SOY MUY INTELIGENTE, PERO ESTO NO ES IMPORTANTE.

TÚ NO VAS A ESCAPAR.

SOY PEQUEÑO, PERO RÁPIDO.

TÚ AHORA VAS A TENER PROBLEMAS.

NO PUEDES CORRER, SOY MÁS RÁPIDO QUE TÚ.

NO SÉ LEER... NO SÉ ESCRIBIR... PERO LO QUE SÍ QUE SÉ HACER ES...

¡COMER HUMANOS!

YO PUEDO HACER MAGIA.

SI ME PUEDES VER ES PORQUE TU VIDA VA A TERMINAR PRONTO.

ME GUSTA EL SABOR DE LOS HUMANOS.

ESTA NOCHE VOY A CENAR MUY BIEN.

YO HAGO TODO LO QUE ME DICE MI JEFE.

MI JEFE DICE QUE TÚ TIENES QUE MORIR, ENTONCES TÚ VAS A MORIR.

¿DÓNDE ESTÁ MI CABALLO?

SI MI CABALLO NO ESTÁ ES POR TU CULPA.

¡AL ATAQUE!

¿HABLAR? ¿QUÉ ES ESO?

YO SOY EL MONSTRUO MÁS FUERTE DEL MUNDO. NO ME GUSTA HABLAR.

¿PELEAR? OHH, ESO SÍ.

 **17**

 **99**

 **32**

 **59**

 **21**

 **67**

 85

 77

 14

 74

 93

 86

PROBLEMAS

 LA JAULA ES DE MADERA, DE MALA CALIDAD. ES MUY PEQUEÑA PARA LOS TRES.
¿QUÉ PODEMOS HACER?

 ¡UNA TRAMPA! AGHHHH, ME DUELE MUCHO EL PIE. NECESITO AYUDA.

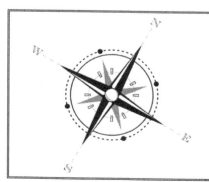 ESTAMOS PERDIDOS ¿DÓNDE ESTÁ EL CAMINO? NO RECORDAMOS NADA. ¿QUÉ PODEMOS HACER?

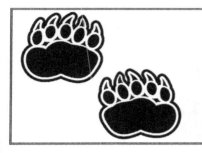

OH, OH...
PARECE QUE HAY UN
MONSTRUO POR AQUÍ.
¿QUÉ PODEMOS HACER?

UN ELEFANTE BLOQUEA EL
PASO.
¿QUÉ PODEMOS HACER?

¡OH, NO!
¡UNA BOMBA!
NO TENEMOS TIEMPO PARA
ESCAPAR.
¿QUÉ PODEMOS HACER?

JUEGO DE ROL DE STAR WARS

INSTRUCCIONES

Está pensado para estudiantes de nivel A1 (utilizando el presente) o para nivel A2 (utilizando los tiempos pasados).

Podemos usar un muñeco de LEGO de Star Wars o algo similar como ficha para los alumnos.

Necesitamos usar dinero falso para comerciar.

El objetivo del juego es ir completando misiones y ganando dinero para poder comprar ropa, robots, armas, naves espaciales, etc. La nave será lo último que compren los estudiantes y, con ella, podrán acceder a la última misión "atacar la estrella de la muerte".

El tablero es una ciudad futurística donde los alumnos podrán ir a diferentes comercios. El profesor interactuará con ellos haciendo de vendedor.

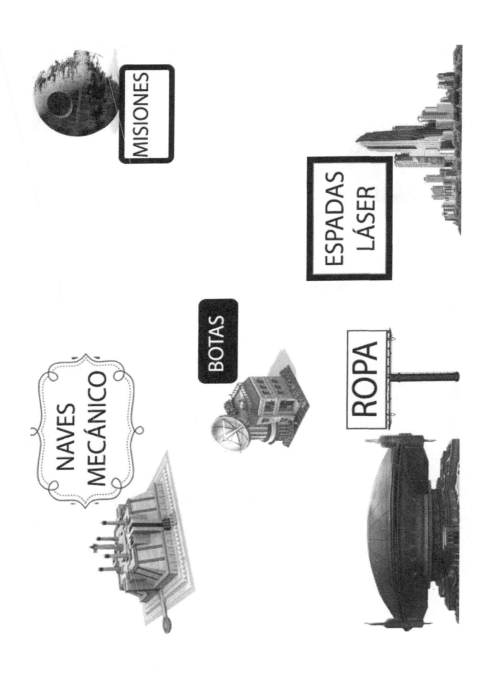

MISIONES

ESPADAS
LÁSER

BOTAS

NAVES
MECÁNICO

ROPA

Misión: ayudar a Luke

Yo .... (ir) a Tatooine, ... (ayudar) a mi amigo Luke Skywalker y .... (pasear) por el desierto. Yo .... (ser) más inteligente que los soldados del Imperio y .... (escapar) sin problemas.

Recompensa: 200 €

Misión: buscar información

Yo .... (visitar) el planeta Geonosis. Allí .... (descubrir) unos pequeños monstruos. Ellos .... (tener) alas, como los insectos. Yo .... (buscar) información secreta.

Recompensa: 100 €

Misión: destruir satélite

Yo .... (trabajar) en el planeta Hoth, allí hace mucho frío. Mis amigos y yo .... (tener) problemas con el Imperio, pero nosotros .... (ganar) y .... (destruir) el satélite del Imperio.

Recompensa: 300 €

Misión: investigar asteroides

Yo .... (viajar) con mi amigo Han Solo, él
.... (ser) un piloto muy bueno. Su
compañero Chewbacca .... (tener)
mucho pelo. Nosotros .... (entrar)
en un cinturón de asteroides
para investigar.

Recompensa: 50 €

Misión: salvar a la reina

Yo .... (ir) al planeta Naboo. La reina
Amidala .... (necesitar)
ayuda. Yo .... (hablar) con
Jar Jar Binks, él no .... (ser)
muy inteligente. Finalmente, yo
.... (salvar) a la reina solo.

Recompensa: 150 €

Misión: ayudar a Han Solo

Yo .... (ir) a la ciudad en las nubes. La
ciudad .... (ser) muy bonita. Allí está
Darth Vader, yo .... (luchar) contra
él. Darth Vader ....
(decir) que es el padre de Luke.
Finalmente, yo ....
(escapar) y .... (rescatar)
a Han Solo.

Recompensa: 250 €

Misión: llevar comida a los Ewok

Nosotros .... (viajar) a Endor, allí ....(vivir) mis amigos los Ewok. Ellos no .... (tener) comida. Nosotros .... (llevar) muchas frutas y verduras. Cuando los Ewok .... (recibir) la comida, ... (ponerse) muy felices.

Recompensa: 30 €

Misión: entrenar en Coruscant

Yo .... (ir) al planeta Coruscant, allí ....(entrenar) con el maestro Yoda. El planeta .... (ser) muy grande. Yo .... (estudiar) en el templo Jedi.

Recompensa: 50 €

Misión: ayudar a la princesa

Leia .... (necesitar) ayuda, yo .... (viajar) a su planeta, Alderaan. Leia .... (ser) muy fuerte y, finalmente, ella .... (solucionar) los problemas sola. En Alderaan hay una escuela Jedi, yo .... (practicar) nuevas técnicas de combate.

Recompensa: 100 €

Misión: atacar la estrella de la muerte

La estrella de la muerte .... (tener) muchas defensas. Los soldados del Imperio .... (utilizar) naves muy rápidas. Nosotros no .... (poder) luchar por separado. El maestro Yoda .... (preparar) un plan y nosotros .... (atacar) la estrella de la muerte juntos.

Muchos pilotos .... (morir) en la lucha, las naves no .... (resistir) los ataques de la estrella de la muerte.
Yo .... (tener) una idea y .... (cambiar) la estrategia. Si nosotros .... (querer) destruir la estrella de la muerte .... (tener) que entrar dentro.

Darth Vader .... (ser) muy fuerte, nosotros .... (luchar) con las espadas láser. Finalmente nosotros .... (escapar) y la estrella de la muerte .... (explotar)

Recompensa: 500 €

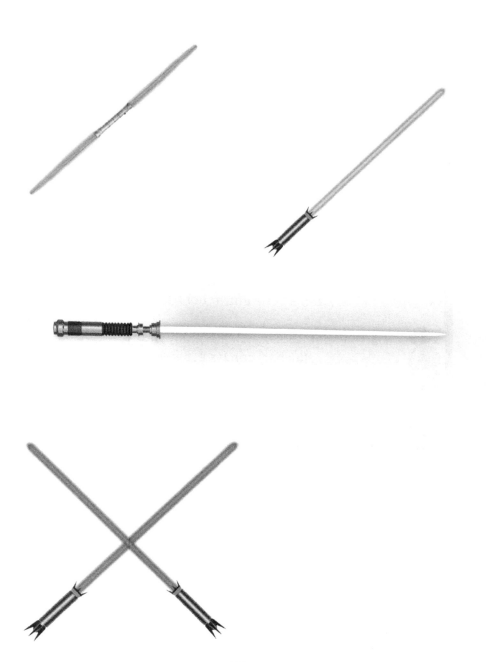

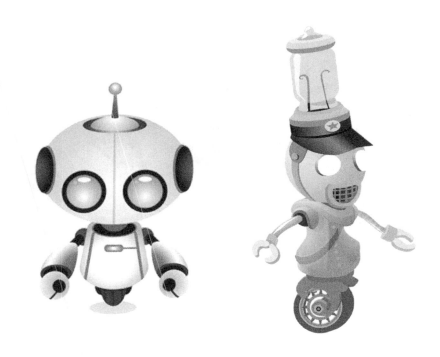

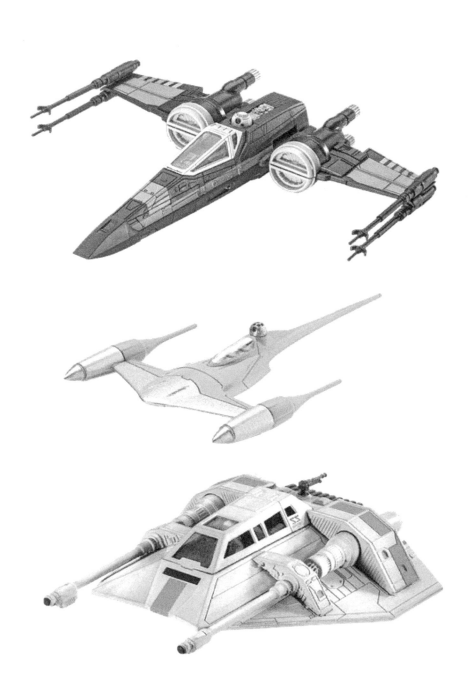

JUEGO DE DETECTIVES

INSTRUCCIONES

Lo podremos realizar con alumnos de nivel B2 o superior

La duración del juego es de unos 50-60 minutos.

El profesor debe recortar las pistas (1-20).

Lo primero que harán los estudiantes es leer el periódico y familiarizarse con el mapa, en el que podrán encontrar las 20 pistas de las que disponen. En la esquina inferior derecha del mapa hay una pequeña línea que representa la distancia que puede recorrer una persona en 15 minutos.

Se leerá la introducción y, a continuación, la primera pista (1 Puente, escena del crimen). Después, los estudiantes podrán elegir libremente qué pistas desean leer. Cada vez que un estudiante quiera utilizar una de ellas, se le entregará y la leerá. Así hasta que el estudiante crea tener la respuesta para las 5 preguntas.

El objetivo de los estudiantes es responder a 5 preguntas utilizando el menor número de pistas posibles. Por cada respuesta correcta recibirán 25 puntos, al total de puntos conseguidos le restaremos 5 puntos por cada pista utilizada.

Preguntas:

1. ¿Quién es el asesino?

2. ¿Por qué?

3. ¿Cuál era su coartada?

4. ¿Alguien vio al asesino?

5. ¿Por qué los cigarrillos de la escena del crimen tenían los filtros aplastados?

Respuestas correctas:

1. Hans Kargul, el Gobernador.

2. Porque Román había descubierto que pensaba entregarle los planos del cañón a los rusos.

3. Que estaba en el Hotel Bulwar con Marie

4. Sí, Krzysztof Soszynski, el vigilante de la torre.

5. Porque Hans Kargul utiliza una boquilla de madera para fumar.

The Times

TORUŃ, 1 DE FEBRERO DE 1933   1zł

Las estrellas francesas abandonan Toruń

El equipo de actores y actrices que durante dos semanas han actuado en el teatro de Toruń tienen prevista su marcha de la ciudad esta misma noche.

"Hemos tenido la suerte de poder ver en persona una de las representaciones más prestigiosas de Europa" Comentó el Gobernador de Toruń, Hans Kargul.

Por su parte, la estrella del espectáculo, Marie Mourreau nos dejó estas bellas palabras sobre nuestra ciudad: "Ha sido un placer estar en Toruń, es la ciudad más hermosa que hemos visitado, quiero dar las gracias a Hans Kargul que nos ha ayudado mucho durante nuestra visita y un beso muy fuerte para toda la gente de Toruń".

El equipo de actores pasará el resto del día en el hotel Bulwar y por la noche partirán hacia París.

-------------------------- 1 --------------------------

Asesinato en el puente

Anoche murió asesinado uno de nuestros queridos ciudadanos, se trata de Román Díez Galán, el comerciante español.

Durante años nos ofreció los productos más exóticos de Europa, a la vez que vendía por todo el continente nuestro vodka y pierniki.

La policía investiga las causas del asesinato, pero todo parece indicar que fue un robo a altas horas de la noche.

El funeral tendrá lugar el jueves a las 16:00 en la iglesia Katarzyny.

El armamento más moderno en Toruń

Nuestro taller de armamento en el cuartel del ejército sigue dando alegrías a toda Polonia. Recientemente se ha diseñado el primer prototipo del cañón de largo alcance.

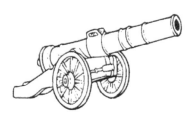

Sin duda será un invento que permitirá a las tropas polacas defender las fronteras de nuestro país en estos tiempos inciertos.

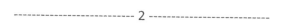

---------------------------- 2 ----------------------------

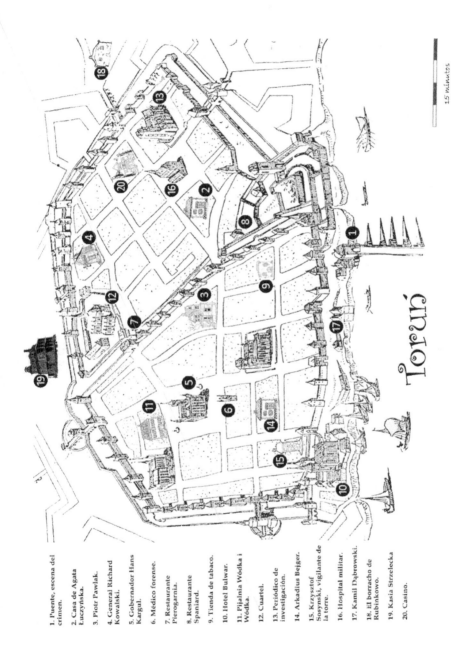

Toruń

15 minutos

1. Puente, escena del crimen.

2. Casa de Agata Łuczyńska.

3. Piotr Pawlak.

4. General Richard Kowalski.

5. Gobernador Hans Kargul.

6. Médico forense.

7. Restaurante Pierogarnia.

8. Restaurante Spaniard.

9. Tienda de tabaco.

10. Hotel Bulwar.

11. Pijalnia Wódka i Wódka.

12. Cuartel.

13. Periódico de investigación.

14. Arkadius Beiger.

15. Krzysztof Sosynski, vigilante de la torre.

16. Hospital militar.

17. Kamil Dąbrowski.

18. El borracho de Rubinkowo.

19. Kasia Strzelecka

20. Casino.

El caso del comerciante español

 Román Díez Galán, un conocido comerciante español ha sido asesinado en el centro de la ciudad polaca de Toruń. Un agente de policía encontró el cuerpo sin vida de Román el pasado domingo a las 23:30 horas en el puente de madera que une las dos laderas del río Vístula. El primer informe policial parece indicar que se trataba de un simple robo, su cartera estaba vacía y su reloj de oro había desaparecido de su muñeca. Junto al cadáver encontraron una maleta cerrada con un candado, la maleta estaba esposada a su mano derecha.

La mujer de Román, Agata Łuczyńska, es la primera interrogada. Con lágrimas en los ojos nos relata:

- *Román siempre volvía a casa por ese puente, seguro que el asesino lo conocía y lo esperó allí. La maleta que encontraron junto a su cuerpo es su maleta de trabajo, siempre la lleva esposada a la mano por seguridad. Bromeaba con que los documentos que había en ella valían más que su vida...*

Tras una pausa para coger un pañuelo de la mesa, Agata sacó una llave del cajón.

- *Él siempre llevaba la llave de la maleta en el reloj de oro, pero se lo han robado, aquí tenéis una copia de la llave, encontrareis la maleta en la escena del crimen. La policía todavía no ha movido nada. Arrestad a la ex mujer de Román, esa golfa seguro que tiene que ver algo con todo esto. Vive fuera de los muros de la ciudad.*

PISTAS

1. Puente, escena del crimen

Un policía nos recibe y nos muestra el lugar. Efectivamente, la maleta se encuentra al lado del cuerpo. También, en el suelo tirada, está su cartera abierta y sin dinero. El agente nos cuenta su versión:

- Como podéis ver, el asesino utilizó un gran cuchillo para matar a la víctima. Yo diría que simplemente quiso robarle el dinero y ya está, no hay mucho misterio en este caso. El forense os puede decir a qué hora exacta murió Román

Abrimos la maleta con la llave que nos ha dado Ágata. En el maletín encontramos un documento escrito a mano:

¿Hablamos de Marie?

Quiero respuestas antes del martes a las 12:00 o hablaré con la prensa.

Román

También encontramos una agenda dentro de la maleta:

Sábado
18:00 Reunión en el cuartel del ejército.
21:00 Cena con Piotr Pawlak.

Domingo
17:00 Nueva mercancía de Zubrówka.
20:00 Spaniard

Parece que el policía que está allí no tiene muchas ganas de trabajar, así que nos damos una vuelta y vemos algo peculiar en aquel lugar: dos colillas de cigarros de la marca R & C. Curiosamente las dos tienen los filtros aplastados.

2. Casa de Agata Łuczyńska

Entramos en la casa y allí está Agata, comiendo cabizbaja junto a la chimenea. Sin mirarnos a la cara nos dice:

- *Otra vez por aquí... La última vez que nos vimos ya os dije todo lo que sabía.*

Le preguntamos si notó algo extraño en la actitud de Román los últimos días.

- *Pues ahora que lo pienso bien, sí. Estaba un poco distante, con la cabeza en otro lugar. Como si sospechara algo de alguien y tuviera que descubrir ese misterio. Él era así, demasiado curioso. Le encantaba conocer los secretos de la gente de la ciudad, y aquí todo el mundo tiene trapos sucios. Ahora, por favor, dejadme sola. Quiero terminar de comerme esta sopa de ajo antes de que se enfríe.*

3. Piotr Pawlak

Piotr nos recibe en su casa. Nos ofrece un té y nos sentamos a la mesa con él. Enciende uno de sus cigarrillos R & C.

- *Román era mi amigo. Espero que descubran al asesino pronto. Últimamente estaba muy raro. Yo cené con él un día antes de su muerte en el restaurante Pierogarnia y prácticamente ni me habló, tenía la mente en otro mundo. Me estuvo preguntando mucho sobre la vida personal del Gobernador, creo que sospechaba que tenía un romance con la actriz esa del teatro, la francesa.*

Le preguntamos dónde estuvo el domingo por la noche.

- *Espero que no se me considere como sospechoso de asesinato. Jamás le haría daño a Román, era un buen amigo.*

El hombre hace una pequeña pausa. Parece que le cuesta asimilar lo sucedido y se le ve realmente afectado por la muerte de su colega.

- *Estuve aquí en casa con mi familia. El vecino vino a pedirnos azúcar a las 22:45 y me vio aquí. ¿Habéis investigado a Kamil Dąbrowski? Según tengo entendido, tenía una deuda con Román.*

4. General Richard Kowalski

El General es un hombre alto, fuerte y serio. Parece uno de esos militares respetables que solo vemos en las películas. Tras inspeccionarnos de arriba abajo con la mirada y peinarse la barba con sus dedos, nos invita a entrar en su casa.

- Es por lo del joven comerciante, ¿no? Una lástima. Solía traer buen ron desde España. Imagino que algún ladrón le robaría lo poco que llevaba. ¡Pobre desgraciado!

El General saca un paquete de cigarros R & C, nos ofrece uno y empieza a fumar. Le preguntamos por lo que hizo el domingo.

- Pues no lo recuerdo muy bien. Yo diría que estuve en el cuartel hasta las 22:30 y después vine a casa. ¿Sabéis? Creo que Román tenía algún negocio por el cuartel, últimamente iba mucho por allí y hacía preguntas raras. Creo que es por este nuevo cañón que hemos diseñado. Podría caer en las manos equivocadas y entonces tendríamos un grave problema. Pero para eso estoy yo, para arreglar los problemas. Uno de mis capitanes que se encontraba en una misión secreta en los Urales, Przemek Karnowski, ha perdido totalmente la cabeza y ha sembrado el pánico por todo el cuartel. Ahora lo tenemos en el Hospital Militar.

5. Hans Kargul, el Gobernador

La secretaria del Gobernador nos acompaña hasta la sala de reuniones, allí nos espera Hans. Nos saluda cordialmente y nos invita a sentarnos. Saca una boquilla de madera e introduce en ella uno de sus cigarros R & C.

- Bueno señores, estoy aquí para ayudarlos. Como bien se sabe, la gente se pone nerviosa con los rumores de que hay un asesino entre nosotros. Tenemos que terminar con esto cuanto antes. Creo que deberían ir a la taberna Pijalnia Wódka i Wódka, allí se puede encontrar a lo peor de esta ciudad. Se detiene a alguien y esto se soluciona hoy mismo.

Prácticamente sin terminar de fumar un cigarro, saca otro del paquete y lo introduce con fuerza en su boquilla especial de madera. Le preguntamos por los rumores que dicen que ha estado viendo demasiado a la actriz francesa Marie Mourreau.

- Jejejej. Bueno, es difícil resistirse a los encantos de una chica como Marie. El domingo estuve con ella en el hotel Bulwar, lo podéis comprobar en el libro de la recepción.

6. Médico forense

Tan ocupado como siempre, Erik, el médico forense nos saluda sin apenas mirarnos y nos entrega el informe.

- Por ahora, lo único que puedo deciros es la hora exacta de la muerte, las 23:00, y que el arma del crimen es un gran cuchillo. Lo más posible es que se encuentre en el fondo del río, será difícil que lo encontremos.

7. Restaurante Pierogarnia

Entramos a una buena hora para hablar, pues no hay ningún cliente. El camarero nos confirma que Román estuvo en el restaurante cenando con Piotr el sábado por la noche. Le preguntamos si notó algo raro en la conversación.

- La verdad es que Román estaba un poco  misterioso. Llevaba unos días así. El viernes también vino y cenó solo. Pidió una mesa justo al lado de la del Gobernador, que estaba cenando con Marie Mourreau, la actriz. Yo diría que Román los estaba espiando.

8. Restaurante Spaniard

Preguntamos al dueño por Román, pues en su agenda tenía apuntado "20:00 Spaniard" el mismo día de su muerte.

- Sí, estuvo aquí. Cenó solo. Se sentó aquí, en la mesa de al lado estaba Hans con una mujer. Ellos tenían varios documentos sobre la mesa. Después, cuando la pareja salió del restaurante, Román pagó rápidamente y se fue detrás de ellos.

9. Tienda de tabaco

Este pequeño local parece ser uno de los más exitosos de la ciudad, pues hay cola de unas 5 personas. Cuando los clientes ya han dejado al dependiente tranquilo, le preguntamos por sus clientes habituales de la marca R & C. Muy amistosamente nos ofrece una lista escrita a mano.

Piotr Pawlak
Richard Kowalski
Hans Kargul
Erik (forense)
Román Díez Galán
Agata Luczynska
Jakub (periodista)

10. Hotel Bulwar

Hablamos con el recepcionista del hotel. Nos dice que últimamente hay mucha gente por allí debido a la visita del grupo de teatro francés.

- Pues mucha gente viene a verlos, sobre todo a Marie Mourreau. Esa chica tiene un atractivo especial. Pero os diré una cosa, yo he visto a mucha gente en mi vida y entiendo mucho de acentos, me atrevería a decir que el suyo no es un acento típico francés. Sospecho que esa mujer es de otro país, no sé por qué se hace pasar por francesa.

Le preguntamos si el Gobernador Hans Kargul ha estado en el hotel los últimos días. El recepcionista mira rápidamente su libro de visitas.

- Pues, a ver... Tenemos una visita el pasado miércoles... Y aquí tenemos otra del domingo por la tarde. Pero... ¡Espera! Esto es bastante raro. Esta no es mi letra. No sé quién habrá escrito esta entrada, pero, desde luego, no fui yo.

11. Pijalnia Wódka i Wódka

Entramos y sentimos cómo nos convertimos en el centro de atención de aquel sucio bar. Efectivamente, lo peor de la ciudad se encontraba allí: ladrones, estafadores y exconvictos.

Hablamos con el dueño del local sobre lo ocurrido el pasado domingo.

- Mis clientes no son hermanas de la caridad, lo sé. Pero los tengo bien controlados: beben y se van a sus casas casi sin poder andar. Por lo que me decís del asesinato, solo conozco a un ladrón capaz de hacer una cosa así: Arkadius Bejger. Está totalmente loco, pero el domingo estuvo aquí hasta las 22:45. No tuvo tiempo de llegar al puente a las 23:00.

Miramos a nuestro alrededor. Todos nos miran al tiempo que beben y murmuran. Le preguntamos al dueño del bar si ha oído algo o si tiene algún sospechoso.

- He oído muchas cosas, pero no son más que tonterías de borrachos. ¿Por qué no investigáis a los de arriba? Los malos no son siempre los que lo aparentan. A la gente poderosa no le gustan los curiosos y, según tengo entendido, a Román le gustaba meter las narices donde no lo llamaban.

12. Cuartel

Nos recibe un soldado muy simpático y colaborador. Le preguntamos por el nuevo prototipo de cañones que se ha descubierto y nos intenta dar largas con la excusa de que es alto secreto. Le comentamos que puede ser de vital importancia para una investigación policial y entonces comienza a hablar.

- *El nuevo cañón cambiará el concepto de la guerra tal y como la conocemos. Triplica en alcance a las actuales armas de asedio. Las fortalezas dejarán de ser un refugio seguro. El ejército que cuente con este armamento podrá controlar Europa.*

Le preguntamos por Román.

- *Pues sí que lo vi por aquí bastante últimamente, antes de su muerte, claro. Hace tres o cuatro días me preguntó por los planos del nuevo prototipo. Yo le dije que habían salido del cuartel. Ahora se encuentran en la sede del gobierno. Desde allí, el Gobernador se encargará de enviarlos al mando supremo del ejército.*

Le preguntamos por el General Richard Kowalski.

- *Pues él dirigió toda la operación. Ha trabajado más que nadie en este proyecto, es un auténtico patriota. El domingo era su día libre y aún así se quedó aquí conmigo trabajando hasta las 22:30.*

13. Periódico de investigación

Jakub es un hombre nervioso, con aspecto descuidado. Nos saluda con un cigarrillo entre los dedos y unas ojeras que indican las pocas horas de sueño de las que disfruta a diario.

- ¿Os han seguido?

El investigador parece desconfiado. Antes de cerrar la puerta mira a la calle para asegurarse. Pasa varios cerrojos y continúa hablando.

- Tenéis que escuchar lo que he descubierto. Llevo semanas investigando un telegrama que intercepté procedente de Moscú para la flamante actriz que tenemos de invitada. Apostaría mi peso en oro a que Marie Mourreau tiene de francesa lo que yo tengo de chino. No he dejado de darle vueltas a la cabeza al asunto, ¿por qué ocultará su verdadera identidad? He contactado con mis colegas de París y allí no tiene ningún documento oficial. Hablé de esto con Román hace una semana y ahora él está muerto.

14. Arkadius Bejger

La puerta de la casa está entreabierta. Pasamos con cautela. Huele mal y hay botellas de alcohol vacías por todo el salón. Parece que Arkadius vive solo. Un hombre corpulento se levanta del sofá, en la cabeza lleva un pañuelo tan sucio como su casa.

- ¿Qué demonios queréis? Si pensáis que voy a limpiar todo esto por vosotros es que no me conocéis, sentaos donde podáis.

Le preguntamos por Román y por la noche del domingo.

- El domingo estuve en el Pijalnia Wódka i Wódka, no sé ni a qué hora entré ni a qué hora salí. Conocía a Román. Jamás lo habría matado, traía el mejor ron que jamás he probado, se le echará de menos en el club de los vivos. Era un cabrón valiente, siempre atento a las necesidades de la gente. Os diré algo, si descubrís quién mató a Román traédmelo aquí, yo mismo le enviaré a la otra vida.

El olor comienza a ser insoportable. Sentimos las primeras arcadas y ganas de vomitar. Nos despedimos y salimos rápidamente de aquella casa.

15. Krzysztof Soszynski, vigilante de la torre

Subimos a la torre donde nos espera Krzysztof, el vigilante.

- Vi al asesino. Era un hombre, de eso no tengo la menor duda. Sin embargo, la noche era muy oscura y no pude distinguir su rostro. Yo estaba observando el interior de la ciudad, escuché un grito y dirigí mi mirada hacia el puente. Fue entonces cuando vi al asesino corriendo hacia el bosque. Un hombre, lo juro.

16. Hospital militar

Una hermosa enfermera nos acompaña hasta la habitación donde Przemek Karnowski descansa. Al vernos entrar se levanta de un salto y alzando los brazos comienza a gritar.

- ¡¡¡Los rusos!!! ¡¡¡Nos van a atacar!!! ¿Es que no os dais cuenta? ¡¡¡Es el fin!!! Nos robarán el cañón y después nos atacarán con nuestras propias armas. ¡¡¡Vamos a morir todos!!!

Las enfermeras no lo dejan seguir hablando. Le inyectan unos potentes calmantes y Przemek se queda durmiendo como un bebé.

17. Kamil Dąbrowski

Nos recibe en su casa junto al río. Se sirve un vaso bastante cargado de ron con miel, olvida ofrecernos y se sienta en el sofá. No parece una persona demasiado amable con sus invitados. Antes de decir una sola palabra, enciende un cigarrillo y da un par de caladas mirándonos fijamente a los ojos.

- Sé lo que pensáis y no es cierto, yo no maté a Román. Murió cerca de mi casa, pero yo en ese momento estaba en el casino jugando a la ruleta con mi novia, Kasia. Es algo que podéis comprobar fácilmente.

La arrogancia de Kamil pondría de los nervios incluso al más sereno de los monjes budistas. Le preguntamos por la deuda que tenía con Román.

- Pues son cosas del negocio: compras, vendes y, a veces, sale mal. Él me dio un cargamento de piñas para venderlas, pero no pude venderlas porque las piñas estaban en mal estado. Y luego, el muy granuja quería que yo le pagara por las piñas... Ahora, si me disculpáis, tengo asuntos importantes que atender.

18. El borracho de Rubinkowo

Lo encontramos donde siempre, bebiendo en las afueras de la ciudad. Sabemos que conoce la calle mejor que nadie. Empezamos ofreciéndole un poco de vino para aclarar sus ideas y no tarda en ofrecernos todo su conocimiento.

- Los rusos, sí señor, los rusos...

Se hace el silencio. A pesar de estar sentado, parece que el hombre se ha quedado dormido. Preguntamos por lo que ha comentado de los rusos. Tras abrir los ojos y dar un generoso trago de vino, el hombre nos responde.

- Los rusos, a esos sí que hay que tenerles miedo. Te engañan, te roban lo que más quieres y después lo utilizan para destruirte... Un hombre sabio debería temer a los rusos. Sus espías están por todo el mundo. Son muy hábiles, te manipulan con sus trucos... y si todo eso no funciona, entonces te ofrecen dinero... mucho dinero.

Se enciende un cigarrillo, lo miramos para comprobar si es de la marca R & C, pero no es así. Le explicamos la situación y nos responde.

- ¿R & C? Yo no puedo permitirme ese tabaco. Es el más caro de todos, solo los ricos y poderosos fuman R & C.

19. Kasia Strzelecka

La casa de Kasia parece un viejo palacio. Su estado de conservación no es muy bueno, aun así, podemos apreciar la belleza de su arquitectura. Ella parece una chica simpática, nos recibe con una sonrisa y nos ofrece una bebida caliente.

- *Muy trágica la muerte de Román. Yo me separé de él porque dedicaba más tiempo a su trabajo que a su vida. Ahora tengo una nueva pareja, Kamil. Él sí que sabe apreciarme. De todos modos, no le deseaba ningún mal a Román, a su esposa Agata sin embargo... Dios mío, esa mujer está loca. Me odia por el hecho de ser la ex mujer de su marido.*

Le preguntamos qué hizo el domingo por la tarde.

- *Pues estuve con mi novio en el casino. Jugamos hasta altas horas de la noche. Creo que perdimos más dinero del que ganamos en un mes. Pero bueno, para eso está el dinero. El casino se ha convertido en el local de moda de la ciudad. El pasado domingo estaban incluso el Gobernador y la famosa actriz Marie Morreau.*

20. Casino

El casino es un lugar elegante. Se aprecia a simple vista que no han escatimado en gastos en cuanto a la decoración del local se refiere, las lámparas parecen más propias de un palacio que de un local de ocio. La dueña del casino se acerca apresurada, es una mujer elegante y atractiva.

- ¿Qué pasa? ¿Os sorprende que una mujer dirija un negocio exitoso? Decidme, ¿cuál es el problema?

Cuando le comentamos que estamos allí por el asesinato del domingo, nos responde sin pensar ni un segundo.

- Pues del asesinato no sé nada, ni siquiera conocía a la víctima. En lo que respecta al casino, el domingo fue un día muy bueno para el negocio, el local estuvo lleno. Una pareja se gastó muchísimo dinero jugando a la ruleta. Kasia y Kamil jugaron desde las 18:00 hasta más de las 00:00. Sobre la medianoche llegó el Gobernador Hans con una hermosa mujer, la actriz esa famosa, y bebieron más de diez copas de uno de los vodkas más caros que tengo. Espero que no pagase con dinero público, jejejejej.

CANCIONES

Para dar como deberes a los alumnos o para amenizar los últimos minutos de la clase.

Escuchar canciones y completar los huecos. Se puede utilizar YouTube o cualquier plataforma similar.

Ayuda a mejorar la comprensión auditiva con los distintos acentos de los cantantes, además de descubrir muchísimo vocabulario nuevo.

Este ejercicio me gusta especialmente porque hace que los estudiantes se interesen por la cultura y descubran nuevos artistas.

Cada canción da pie a una conversación posterior sobre la vida del artista, sus curiosidades o el tema sobre el que canta.

La libertad, Álvaro Soler

Las cuatro paredes de .... hogar
no eran suficientes para aguantar.
Llevábamos dentro algo más, picaba la curiosidad.
Las .... paredes cayeron ya.

Recuerdo el momento.
Nos fuimos a ....
un mundo más allá

Correr con el ....
rumbo a la libertad.
Y a mí qué más me da.

Si fue una locura, una locura.
Y no íbamos a ....
Si fue una locura, una locura.
Íbamos a volar

.... el momento.
Nos fuimos a buscar
un mundo más allá.
La ....

El cielo, el cielo. Ábrelo ya.
Que ahora sabemos cómo ir a ....
Yo nunca olvidé lo que fui, siempre será parte de mí.
El cielo, el cielo, ábrelo ....

Recuerdo el momento.
Nos fuimos a buscar
un .... más allá

Correr con el viento
rumbo a la libertad.
Y a mí .... más me da.

Presiento, Morat y Aitana

Sé que el instinto me intentó avisar.
Que conocerte tal vez no era lo ....
Que eres experta para enamorar.
Y no te .... cuántos caigan por error.

Yo te miro y todo me da vueltas, vueltas.
Y aunque admito que .... volverte a ver.

Presiento que tú siempre vas y vienes.
Que nunca tienes .... que perder.
Rompiendo corazones te entretienes.
Y cuando das el .... es de papel.

Presiento que serás de esos errores.
De esos que estoy dispuesto a cometer.
Presiento que te vas y ya no ....
Yo olvido mis presentimientos,
solo por volverte a ver (x3).

Podré vivir sin escuchar tu voz.
Pero tal vez me mate la ....
Puedes negar que hay magia entre los dos.
Pero en el fondo tú ya .... la verdad.

Yo te miro y todo me da ...., vueltas.
Y aunque admito que quiero volverte a ver.

Presiento que tú .... vas y vienes.
Que nunca tienes nada que perder.
.... corazones te entretienes.
Y cuando das el tuyo es de papel.

Presiento que serás de esos ....
De esos que estoy dispuesto a cometer.
Presiento que te vas y ya no vienes.
Yo .... mis presentimientos,
solo por volverte a ver (x3).

Me llaman el desaparecido, Manu Chao

Me llaman el desaparecido.
.... llega, ya se ha ido.
Volando vengo, volando voy.
Deprisa, deprisa a rumbo ....
Cuando me buscan, nunca estoy.
Cuando me ...., yo no soy
el que está enfrente porque ya
me fui corriendo más allá.

Me dicen el desaparecido, ... que nunca está.
Me dicen el desagradecido, pero esa no es la ....

Yo llevo en el cuerpo un dolor que no me deja ....
Llevo en el cuerpo una condena que .... me echa a caminar.

Me dicen el desaparecido.
Que cuando llega, ya se ha ido.
Volando ...., volando voy.
Deprisa, deprisa a rumbo perdido.

Me dicen el desaparecido, fantasma que .... está.
Me dicen el desagradecido, pero esa no es la verdad.

Yo llevo en el .... un motor que nunca deja de rolar.
Llevo en el alma un .... destinado a nunca llegar.

Cuando me buscan, nunca ....
Cuando me encuentran, yo no soy
el que está enfrente .... ya
me fui corriendo más allá

Me .... el desaparecido.
Cuando llega, ya se ha ido.
Volando vengo, volando ....
Deprisa, deprisa a rumbo perdido.

Y tú te vas, Chayanne

Nunca imaginé la vida sin ti.
En ……………. lo que me planteé,
siempre estabas tú.
Solo tú ……………. bien quién soy,
de dónde vengo y a dónde voy.

Nunca te he mentido,
……………. te he escondido nada.
Siempre me tuviste cuando me necesitabas.
Nadie ……………. que tú sabrá
que di todo lo que pude dar.

Y ahora tú te vas así como si nada,
acortándome la ……………,
agachando la mirada.
Y tú te vas y yo, que me ……………. entre la nada,
donde quedan las palabras
y el amor que me jurabas, y tú te vas.

Si es que te he fallado, ……………. cómo y cuándo ha sido.
Si es que te has cansado y ahora me echas al olvido.
No habrá ……………. que te amará, así como yo te puedo amar.

*Estribillo

Aquellos años locos – El canto del loco

Acuérdate de tus tardes de recreo.
De tus cromos y tebeos.
De las series que se hicieron .... ti.
De ese erizo que era rosa.
Tu querías ser ficha roja.
Y tener .... las cosas.
Acuérdate, solo había dos canales.
Y unos rombos decidían
si veías o no veías una peli que tenía
mil .... especiales, actuaba un tal dar Vader
y venían de un planeta sideral.

Tenías tanta ilusión .... ser mayor
que imitabas a tus ídolos en el salón.
Querías ser un goleador en el 82.
Y ser princesa de .... príncipe que no apareció.

Recuerda bien tus cabañas construidas.
Querías ser un ...., y tu madre te decía no está bien, que
inventes mil fantasías y que vivas en tu mundo de baldosas
amarillas.
Recuerda hoy esa .... que querías.
La de Elliot parecía que nunca conseguirías para volar.
Conquistando aquella luna.
Devolviendo una fortuna, ... un miembro del equipo A.

*Estribillo

Cadillac Solitario, Loquillo

Siempre quise ir a L.A.
Dejar un día esta ....
Cruzar el mar en tu compañía.
Pero ya hace ....que me has dejado,
y probablemente me habrás olvidado.
No sé qué aventuras correré sin ....

Y ahora estoy aquí sentado
en un viejo Cadillac de .... mano
junto al Mervellé, a mis pies mi ciudad.
Y hace un momento que me ha dejado,
aquí en la ladera del Tibidabo,
la .... rubia que vino a probar
el asiento de atrás.

Quizás el Martini me ha hecho recordar
nena, ¿por qué no volviste a ....?
Creí que podía olvidarte sin más
y aún a ratos, ya ves.

Y al irse la rubia me he sentido extraño,
me he quedado ...., fumando un cigarro,
quizás he pensado, nostalgia de ti.
Y .... esta curva donde estoy parado
me he sorprendido mirando a tu barrio,
y me han atrapado luces de ciudad.

El amanecer me sorprenderá
..............., borracho en el Cadillac,
junto a las palmeras luce solitario
y dice la .... que ahora eres formal.
Y yo aquí borracho en el Cadillac
.... las palmeras dulce y solitario.

Antártida, Nach

Te doy mi frío, la imagen es blanca si la ....
Otra sombra que se arranca lejos del vacío, soy como un escalofrío.
Un .... entre el gentío, sombrío, sonrío al dolor mientras dicta sus lecciones.
Muero en guerras, pero .... entre canciones, duermo en vagones traseros. Mis miedos son fieros, eneros que .... decisiones.

Ya pasé cuatro otoños malherido, soledad me .... cuando yo la maldigo.
El olvido y la nostalgia no tienen edad, por la pérdida de amores y de amigos.
El tiempo es mi .... y mi verdugo, él sonríe mientras ve como me arrugo.
Madrugo desnudo, sin escudo en el camino porque mi mente es un puente que no .... Que luego vuelvo a cruzar, juego eterno, interminable, como el blanco del ....
Duermo y no sueño hadas, no sueño nada.
Si al nacer lloraba, es porque supe lo que me esperaba.
Mi armada era mi amada, ahora es mi almohada.
Fui un cachorro sin ...., sin dagas.
Sin nada, solo mis llagas sintiendo el hielo.
Así me enfrento al .... del miedo.

Soy un esclavo del tiempo, perdido entre la blanca oscuridad.
La nieve cubriendo mi ...., sigo solo en esta Antártida.

Busco mis ...., pero no las llevo encima. Miles de jinetes transparentes se aproximan y pasan los meses, sin paz ni Alcatraz, mi mitad más voraz se .... de rap.
Mira cómo apago la luz de esos esclavos, crucificados sin cruz y sin ....
¿Qué sabrán ellos de Siberia y su ventisca?
¿Qué sabrán ellas de la histeria del artista?

Yo en mi galaxia, feliz en mi amnesia, el .... del presente como única iglesia, la narcolepsia por perder lo que más quise, por ser un niño ....,
como Bobby Fischer.
Días grises en el filo de lo que decido, tan dormido, porque el .... es un leve suspiro, la certeza de saber que soy un ciervo herido, de ver cómo la .... cae a tiros.
Miro a la muerte tan flaca y opaca. Yo quiero playa, maracas, hamaca, resaca y botella, botella y resaca, pero .... el día gruñendo como Chewbacca.
Cloaca existencial, brújula sin nombre.
El dolor espera al sur, el .... al norte.
Es mi deporte pensar y pensar.
Pero a veces pensar demasiado te hace ....

LIBROS QUE TE PUEDEN INTERESAR

 "NUEVO DELE A1", manual para preparar la prueba de español DELE A1. Incluye tres modelos completos del examen, ejercicios de preparación, consejos, audios y soluciones.

 "NUEVO DELE A2", es un manual para preparar el examen de español DELE A2, contiene 4 modelos completos del examen, soluciones, consejos y ejercicios de vocabulario.

 "NUEVO DELE B1", es un manual para preparar el examen de español DELE B1, contiene 4 modelos completos del examen, soluciones, consejos y ejercicios de vocabulario.

 "Nuevo DELE B2", manual para preparar el examen de español DELE B2, contiene 4 modelos completos del examen, soluciones, audios, consejos y ejercicios de vocabulario.

 "NUEVO DELE C1", es un manual para preparar la prueba de español DELE C1. Incluye 4 modelos completos del examen, soluciones, audios, consejos y ejercicios de vocabulario.

 "NUEVO DELE C2", se trata de un manual para preparar el examen de español DELE C2, contiene 4 modelos completos del examen, soluciones, consejos y ejercicios de vocabulario.

 "SIELE, preparación para el examen" es un manual para superar la prueba de lengua española SIELE. El libro contiene multitud de ejercicios desde el nivel A1 hasta el nivel C1,

 "24 horas, para estudiantes de español" es una novela criminal adaptada para estudiantes, con una gramática muy sencilla que se puede entender sin problemas a partir del nivel A2 en adelante.

 "Vocabulario español A1" es un diccionario ilustrado por categorías y multitud de ejercicios para estudiantes de primer año de español. Es perfecto para consolidar el nivel básico de español. Incluye multitud de actividades online.

"La prisión: elige tu propia aventura" es una novela para los estudiantes de nivel más avanzado. Tiene 31 finales diferentes a los que llegaremos tomando diferentes decisiones. El objetivo es escapar de la prisión.

"Materiales para las clases de español" es un libro con cientos de recursos que los profesores pueden utilizar en sus clases. Incluye ejercicios de todo tipo y para todos los niveles, tanto para clases individuales como para grupos.

"Hermes 2, para practicar el subjuntivo" es una novela de ciencia ficción para estudiantes de español. Leyendo las aventuras de la tripulación de una moderna nave espacial, podrás practicar los diferentes tiempos del modo subjuntivo.

"Conversación, para las clases de español" es un libro para profesores de español con multitud de ejercicios de expresión oral. Un manual con debates, situaciones de rol, ejercicios de exámenes, juegos y mucho más.

"Spanish for Business", es un manual para todas aquellas personas que utilizan la lengua española en su trabajo. El libro incluye un modelo completo del examen DELE B2.

"OBJETIVO SUBJUNTIVO" es un cuadernillo de ejercicios bueno, bonito y barato para practicar los diferentes tiempos del modo subjuntivo en español. Además, el cuadernillo da acceso a un curso online a un precio especial.

"Aprender español con canciones" es un es un libro para aprender de una forma diferente. Lo más importante es que el alumno descubre una gran cantidad de artistas de diferentes países que cantan en español.

"NUEVO CCSE", manual para preparar el examen de nacionalidad española. El libro cuenta con doce modelos reales del examen, explicaciones de vocabulario y ejercicios de preparación para el examen.

AGRADECIMIENTOS

A mi familia, que siempre ha estado ahí y que me ha apoyado en cada uno de mis proyectos.

A ti, por haber leído este libro. Espero que hayas disfrutado con él, si tienes cualquier duda o necesitas el libro en otro formato para poder imprimir los materiales, por favor, escríbeme a mi email: ramondiezgalan@gmail.com

Si puedes dejar un comentario sobre el libro en la página web donde lo has comprado me ayudarías muchísimo ☺ Además, si me envías a mi email el enlace al comentario que has dejado en la web donde has comprado el libro o una captura de pantalla del mismo, te enviaré un regalito ;)

MATERIAL GRATUITO ADICIONAL

¿QUIERES TARJETAS CON PREGUNTAS PARA TODOS LOS NIVELES? ÚNETE A MI COMUNIDAD DE ESPAÑOL DE INSTAGRAM:

EL SEMÁFORO ESPAÑOL

Made in the USA
Las Vegas, NV
22 March 2024

87600200R00089